1275 年，马可·波罗
到达元大都

1267 年，襄阳之战打响

1283 年，文天祥就义

1368 年，朱元璋灭元，
建立明朝

1271 年，忽必烈改国号为"元"

1279 年，崖山海战，
南宋流亡政权灭亡

1351 年，元末农民起义爆发

![一米阳光童书馆 little ray of sunshine]

编　者：一米阳光童书馆成立于 2012 年 8 月，由几位志同道合的知名童书推广人和海归妈妈共同组建而成。童书馆以"每一本好书，都是照进孩子心中的一米阳光"为核心理念，用父母心，做平凡事，致力于用现代手法叙述传统故事，全力帮助每一位孩子爱上阅读，开启更加丰富的人生。

![奂知 手绘组 YuZhi Freehand Drawing Group]

绘　者：奂知文化手绘组，享誉国内的顶级手绘工作室，成立于 2015 年，团队成员来自游戏设计、壁画、影视、艺术品设计、舞台、雕塑、油画等行业，坚持精细化创作，致力于通过手绘方式为读者带来"革命性阅读体验"。

创作团队：

项目策划　刘祥亚

项目统筹　牛瑞华　张　娜　崔珈瑜

美术顾问　樊羽菲　支少卿　谢步平　王少波　程建新　徐　杨　申　杰　周　爽　邓称文

文字撰写　李智豪　沈仲亮　余瀛波　郭梦可　牛齐培　陈阳光　吴　梦

阅读建议

亲爱的读者朋友们，欢迎您打开这套书，走入中国历史文化的长廊，共同感受 5000 年中华文明的璀璨成果。为了便于大家阅读，特做出几点说明：

（1）此次历史文化之旅的起点是距今约 70 万到 20 万年之间的北京猿人，终点是 1912 年清帝退位。在几十万年的历史长河中，我们选择了 104 个专题，每个专题由两部分组成，第一部分是以手绘大图的形式进行历史场景的还原，第二部分是相关主题的知识问答（每个专题分设了 8~10 个小问题）。

（2）每个历史场景都像一个展览橱窗，展示了中国历史上的高光时刻，在欣赏画面的同时，还可以关注画面四周的文字，我们设置了许多与历史事件相关的知识点、兴趣点和思考点，家长陪伴孩子阅读和对画面进行讲解的时候，可以参考这些内容。

（3）专题知识采用一问一答的形式，在设置问题的时候，我们充分考虑了孩子的认知水平和兴趣点，并针对全国十余所中小学的学生做了上万份调查问卷，力求站在孩子的角度问出他们最感兴趣的问题，并用孩子听得懂的方式进行解答。

（4）每个专题既相对独立，又有时代上的联系性，可以作为随手翻开的历史百科书。我们在每册的开篇还设置了"历史长河站点示意图"，读者朋友们可以通过这个示意图查看每个主题的位置和关联。

图书在版编目（CIP）数据

草原帝国 / 一米阳光童书馆编；奂知文化手绘组绘. -- 北京：北京联合出版公司，2020.12（2024.4 重印）

（手绘中国历史大画卷）

ISBN 978-7-5596-3801-4

Ⅰ.①草… Ⅱ.①一… ②奂… Ⅲ.①中国历史—元代—儿童读物 Ⅳ.①K247.09

中国版本图书馆 CIP 数据核字(2020)第 187860 号

手绘中国历史大画卷6：草原帝国

编　　者：一米阳光童书馆

绘　　者：奂知文化手绘组

出 品 人：赵红仕

选题策划：阳光博客

责任编辑：周　杨

封面设计：阳光博客+李昆仑

北京联合出版公司出版

（北京市西城区德外大街 83 号楼 9 层　100088）

北京联合天畅文化传播公司发行

天津创先河普业印刷有限公司　新华书店经销

字数 166 千字　787 毫米 × 1194 毫米　1/8　8 印张

2020 年 12 月第 1 版　2024 年 4 月第 4 次印刷

ISBN 978-7-5596-3801-4

定价：798.00 元（全 8 册）

一米阳光童书馆◎编　　史知文化手绘组◎绘

手绘中国历史大画卷 ⑥

——草原帝国——

北京联合出版公司
Beijing United Publishing Co.,Ltd.

目录

被拒绝后的天祚帝大为震怒，想要找借口杀掉阿骨打，但是手下的大臣萧奉先却说阿骨打不过是一个不懂礼仪的粗人，成不了什么大事，所以天祚帝放过了阿骨打。

阿骨打拒绝为辽帝跳舞

1112 年春天的"头鱼宴"上，阿骨打拒绝了天祚（zuò）帝让他歌舞助兴的要求，险些被杀。宴会结束后，阿骨打所在部落和辽的矛盾逐渐公开化，并最终在 1114 年起兵反辽。

面对暴怒的天祚帝和劝说自己的首领们，阿骨打不为所动，淡定自若地在倒酒，这是为什么呢？

辽帝御营

辽天祚帝

萧奉先

完颜阿骨打

2

这次宴会真是意外重重，一个火盆从架子上掉落，差点儿伤到周围的人，这个正在躲避的人在哪里？

有一名紧张的侍女想快点儿离开危机四伏的宴会，她在哪儿？

捕鱼的士兵们不知道宴会上的暗流涌动，他们沉浸在丰收的喜悦中，正忙着把打上来的鱼全都运到岸上来呢！他们在哪儿？

冰面上捕鱼的帐篷

松花江

头鱼宴其实包括两大部分，第一尾打上的鱼和第一只被射落的大雁（或天鹅），后者也称"头雁宴"或"头鹅宴"，但两者是一起进行的，所以常常不大区分。画面中藏着一副弓箭，你能找到吗？

阿骨打身旁的部落首领们都在劝说他不要触怒辽帝，以免引来杀身之祸。

阿骨打为什么能成为女真的联盟长？

阿骨打，全名完颜阿骨打，出身女真族完颜部，是金朝的开国皇帝。他在推翻辽的统治以及确立金朝的基本制度等方面功勋卓著。

阿骨打武艺高强，勇猛善战，深得部落人民的爱戴。少年时，辽朝的使者曾经让他用弓箭射鸟，结果他连中三箭，让使者十分惶恐，怕他成为日后大敌。后来，凭借多次作战得胜，他果然成为完颜部中的实力派。1113年，阿骨打被部落长老推选为女真的联盟长，称"都勃极烈"。

金朝开国皇帝阿骨打

契丹渔猎木立俑

女真族是什么时候归辽统治的？

女真是靺鞨部落中的一部，曾经长期活动在今朝鲜和我国东北之间的边境地带。

在唐代的时候，女真是位于东北地区南部渤海国的臣民。926年，渤海国被契丹人建立的辽所吞并，女真人又置于辽的统治之下，被称为"熟女真"。那些在辽势力范围之外的女真人，则被称为"生女真"。

早期的女真分为几十个不相统属的部族，到阿骨打的爷爷乌古乃任完颜部长老时，完颜氏已经发展成为相对强大的部族，并征服、联合十几个部族形成了部族联盟。

乌古乃死后，其子劾（hé）里钵继任联盟长，进一步巩固了部族联盟，这时的部族联盟已扩大到30个部族了。

阿骨打为什么敢于拒绝辽帝？

为了加强对女真各部的统治和联系，辽国的皇帝每年春天都要到宁江州（今吉林松原市东石头城子）开冰钓鱼，并举办宴会，用第一条鱼犒劳各部，女真各部都要献上土特产，并以歌舞助兴，这就是"头鱼宴"。

1112年，阿骨打代表完颜部参加当年的头鱼宴。在宴会上，天祚帝耶律延禧要求各部首领轮流跳舞助兴，只有阿骨打当面拒绝了。辽帝非常不悦，想让人杀掉阿骨打，后来在别人的劝说下才作罢。

金代素胎蹲坐力士脊饰

阿骨打敢于拒绝辽帝的原因有两点：一是经过几代人的发展，完颜部的实力已经不容小觑；二是阿骨打本人性格刚毅，不畏强权。

经由此事，阿骨打统领的女真部与辽之间的矛盾逐渐激化。此后，阿骨打不再奉诏，并开始积蓄实力，图谋推翻辽的统治。

阿骨打是何时起兵反辽的？

头鱼宴事件两年后——1114年，阿骨打集合女真各部勇士2500人，向辽国的宁江州进攻。得到消息后，天祚帝并没有重视，只是调动了附近海州（今辽宁海城）兵马支援。阿骨打很快占领了宁江州。

同年，阿骨打率领3700名士兵抵御集结于鸭子河北的辽军。两军在出河店（今黑龙江肇源西南）相遇，阿骨打大败辽兵，缴获大批车马及兵甲、武器，还把俘虏的辽兵收编入自己的队伍。出河店之战是一次决定性的战役，增强了女真的实力和威名，为建立金朝奠定了基础。

1115年，阿骨打完成了女真各部的统一。不久，阿骨打在会宁府（今黑龙江哈尔滨市阿城区南白城）称帝，建立女真政权，定国号为"金"。

为什么阿骨打定国号为"金"？

国号就是一个国家的称号，国号的确立，代表着一个新的王朝从此诞生。

一般来说，国号大致有五个来由：部族、部族联盟的名称；创建者的原有卦号、爵位；创建者原始政权统治的区域；宗族关系；有特殊的寓意。

按照《金史》记载，1115年，完颜阿骨打称帝时对群臣说："辽以宾铁为号，取其坚也。宾铁虽坚，终亦变坏，惟金不变不坏。"所以，阿骨打以此为国号的目的是取黄金永远不朽的寓意，希望金国也能如此。

当然还有别的说法，有人认为女真兴起于金水，金都城上京会宁府位于"按出虎水"（今阿什河），在女真语中，"按出虎"的语义就是"金"，所以定国号为金。

金代坐式铜龙，1956年出土于黑龙江省哈尔滨市阿城区白城金上京会宁府遗址，现收藏于黑龙江省博物馆，是金代早中期皇室的御用器物

女真文字

知识拓展：订立海上之盟对宋来说是明智之举吗？

北宋末年，宋朝和金朝订立了攻辽合作盟约，由于当时宋金两国的陆地并不相连，谈判往来无法从陆路通行，只能途经海上，故而称为"海上之盟"。

当时金朝在辽金战争中占据上风，辽朝统治岌岌可危，宋朝希望能够与金合作，共同灭辽，以借机收复燕云十六州。1118年，北宋朝廷派使节自山东泛海赴金，商议相关事项。1120年，双方签订了盟约。双方在盟约中商定：金攻打辽中京（今内蒙古宁城西大明城），宋攻打辽燕京；灭辽后，宋将原来给辽的岁币转纳于金国；金同意将燕云十六州归还宋朝。

"海上之盟"签订后，金、宋在1125年合力灭了辽国。

但是，辽灭亡以后，宋变相失去了一道屏障，同时在灭辽的过程中，其弱点暴露无遗，反而刺激了金朝进攻的欲望。在辽灭亡后仅两年，"靖康之变"发生，金人攻陷汴京，北宋灭亡。

阿骨打最终完成灭辽大业了吗？

没有。阿骨打病逝于1123年，而金灭辽是1125年，但是阿骨打生前的努力，为后继者灭辽奠定了坚实的基础。

完颜阿骨打称帝后，率兵攻陷了辽朝北部重镇黄龙府（今吉林农安）。天祚帝命骑兵20万、步兵7万增援。阿骨打发现辽军人数虽多，但队形不整，于是抓住战机，猛攻辽军，辽军大败。随后，金军又接连重创辽军主力，取得了主动地位，先后攻占辽东京、上京、中京、西京、南京（燕京）。同时，阿骨打还与宋订立"海上之盟"，合力筹划灭辽。

金辽战争历时11年，其间共有大大小小的战役上百次，极尽艰辛。但由于阿骨打出色的军事才能，金军多次击败辽军主力，逐个夺取辽朝重镇。

阿骨打病逝两年后，他的继任者最终完成灭辽大业，确立了金朝在中国北部的统治。

辽亡国后，天祚帝的结局如何？

金灭辽后，天祚帝耶律延禧被擒，但是他之后的生活和结局，记载太少，导致史学界众说纷纭，莫衷一是。

第一种观点是囚禁过程中被杀。1125年，耶律延禧经天德军（今内蒙古呼和浩特市东）过沙漠，向西逃窜，路上水粮断绝，只能吞冰咽雪以解饥止渴。后来，他好不容易逃到应州（今山西应县）新城东30千米处，却被金将完颜娄室追上俘获。被解送金上京后，金太宗降封他为海滨王，不久改封为豫王。后来，他还是被金人杀死了。

第二种观点是他死于1156年，当时金朝皇帝完颜亮命令宋钦宗和耶律延禧去比赛马球，宋钦宗从马上跌下来，被马践踏而死。耶律延禧希望凭借自己高超的骑术纵马冲出重围逃命，结果还是被金人乱箭射死了。

第三种观点认为耶律延禧死于1128年，《辽史》和《契丹国志》都记载说他在53岁时死于监禁。

麻扎刀，南宋时步兵使用的一种长柄兵器，专门对付女真骑兵，用以劈断战马的小腿。郾城之战中，岳家军步兵用麻扎刀大破金军精锐骑兵。

岳飞大败金兀术

岳飞是南宋抗金名将，也是著名的军事家和文学家，他率领的岳家军所向披靡，以至于金军曾发出"撼山易，撼岳家军难"的感叹。

十二道金牌是什么意思？为什么岳飞的脸上愁云密布？想知道答案吗？请参见第8页。

岳家军

岳飞

"铁浮图"是金军重甲精锐的别称，也称铁塔兵，因为他们装束得如同铁塔一般。铁塔兵每三匹马用皮索相连，护甲厚重，攻坚能力强。

拐子马

岳云

麻扎刀

铁浮图

金兀术（zhú）

拐子马是宋人对金军主力两翼骑兵的称呼，属于一种轻型或中型骑兵。

十二道金牌

←← 岳飞收复中原的理想实现了吗？→→

作为南宋抗金名将，岳飞多次率师北伐，先后夺回商州（今陕西商洛）、虢（guó）州（今河南灵宝）、郑州、洛阳等地，在郾城（今河南漯河）、颍昌（今河南许昌）大败金军，基本达到了打击金军势力，阻止其继续南侵的目的。但是，岳飞却被宋高宗赵构连发"十二道金牌"召回，随后含冤而死。他北上收复中原，一雪"靖康之耻"的理想最终未能实现。

南宋高宗书绍兴通宝

"靖康之耻"是怎么回事？

岳飞也是南宋著名的词人，他的词作《满江红》被广为传唱："靖康耻，犹未雪。臣子恨，何时灭。"

"靖康耻"是指1127年春，金人掳走徽宗（赵佶）、钦宗（赵桓）二帝及宗室、后妃等数千人北去，北宋灭亡，史称"靖康之变"。

之后，宋徽宗的第九子赵构在南京应天府（今河南商丘）继承大统，建立南宋。由于军事力量较弱，南宋通过"绍兴和议"向金国称臣纳贡。但后来，金人仍然几度南下侵扰，于是南宋出现了北伐中原的呼声，在此背景下形成了一批主战派的将领和大臣，著名的有"中兴四将"——张俊、韩世忠、刘光世和岳飞。他们一方面希望借北伐巩固南宋的统治，强化对长江淮河以北地区的控制，借机阻止金军南下；另一方面希望依靠和拉拢北方起义军和民众，牵制金军力量，以组成北方防线。

《中兴四将图》（左一韩世忠、左三刘光世、左六岳飞、左八张俊）

召回岳飞的十二道金牌是什么东西？

很多人以为金牌就是宋高宗调兵遣将的令牌，其实这种说法是错误的。

十二道金牌（关于岳飞被金牌召回的说法不明，有七道、十二道、十三道之说，其中以十二道金牌的说法较为普遍）并非令牌，而是一种以最快速度传递敕书及军事上紧急命令的特殊标志物。金牌为木制，尺余长，整体涂上红色的漆，字是金色的，上刻"御前文字，不得入铺"。

在郾城、临颍和颍昌的诸次战役后，岳家军取得了辉煌的战绩，却也遭受了巨大的损失。再加上宋高宗和秦桧命令张俊和王德的军队撤离，致使岳飞孤立无援，处于危险的境地。此时，宋高宗连发十二道金牌让岳飞班师回朝，岳飞无奈，发出"十年之力，废于一旦"的感慨，退兵回朝。

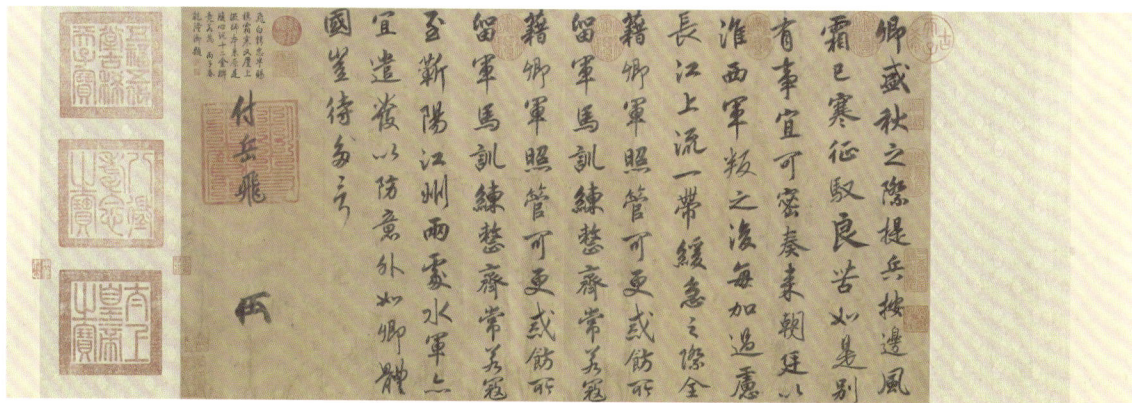

宋高宗赐岳飞手敕（chì），皇帝的诏令称为"敕"

岳飞大败金兀术是哪场战役？

1140年，金朝撕毁和约，以金兀术为统帅，大举南侵，岳飞奉命率军镇守郾城，阻拦金军，最终取得胜利。这场战役被称为"郾城之战"。

当时，金兀术探知岳飞孤军深入，于是指挥金军主力进攻郾城，企图一举摧毁岳家军的指挥中枢。

岳飞临危不乱，沉着应对，首先命令长子岳云率领背嵬军和游奕军骑兵精锐出城迎击，与金军展开了激烈的鏖（áo）战。但是金军人数众多，援军源源不断，为鼓舞士气，岳飞亲自上阵杀敌，士气大振，抵御住了金军猛烈的进攻。

见一时难以攻克岳家军，金兀术又使用"拐子马"（两翼攻击）和"铁浮图"（重甲骑兵）战术，岳飞命令步兵出

国画大师任率英笔下的岳飞

动，岳家军步兵将士手持麻扎刀、提刀、大斧等以步击骑的利器，专劈马足。金军骑兵受挫，溃败而走。

郾城大捷，鼓舞了南宋军队的士气，也重创了金朝的精锐骑兵，是一次以少胜多的战役。

金兀术是什么人？

金兀术是宋朝人的叫法，他的真名叫完颜宗弼，是金太祖完颜阿骨打的第四个儿子，在金朝建立和发展的过程中起到了非常重要的作用。

金兀术是金朝主战派的代表，主导了多次南侵行动。在和南宋的作战中，他多次以少胜多，以弱胜强，少有败绩。他和岳飞有多次交手，双方互有胜负。后来，金兀术用离间计，使得南宋朝廷以"莫须有"的罪名杀害了岳飞。

后来，金兀术逐步掌握了金朝的军政大权，主政期间，他逐步完善了金朝的政治体制，摆脱奴隶制社会的缺陷，在金朝历史上的作用不可忽视。

1148 年，金兀术在上京会宁府病逝。

岳飞真的是被秦桧害死的吗？

对于岳飞之死的主谋是秦桧还是宋高宗，目前学界争议较大，这里持秦桧是主谋的观点。

秦桧本是北宋的御史中丞，靖康之变时被俘虏到了北方，并很快投降金人。1130 年，他回到南宋，并声称自己是从北方逃回来的。但是有人认为他是金国派来的奸细，因为南归后，他就向宋高宗提出与金求和，深受高宗信任，并被提拔为宰相。

郾城之战后，金国在无力攻灭南宋的情况下，准备重新议和。完颜宗弼在给秦桧的书信中说："必杀岳飞，而后和可成。"此后，秦桧就开始了杀害岳飞的图谋。

1141 年，岳飞回朝后，即遭秦桧党羽万俟卨（mò qí xiè）等人的弹劾，污蔑岳飞种种不法之事。几个月后，岳飞枢密副使之职被罢，担任闲职。在秦桧的授意下，张俊利用岳家军内部矛盾，威逼利诱岳家军中军统制王贵，随后副统制王俊先出面首告张宪"谋反"，想以此牵连岳飞。11 月，岳飞被投入大理寺狱中。1142 年 1 月 27 日，岳飞被以"莫须有"的罪名处死，同时被处死的还有他倚重的部将张宪和长子岳云。

"莫须有"到底是什么意思？

对于"莫须有"的解释，有不少说法，目前主流的看法认为"莫须"是宋代人的口语，意思是"也许"，"莫须有"的意思就是"也许有"。

清代秦桧跪像
秦桧因主导并参与执行了岳飞被害一事而被钉在了历史的耻辱柱上，为后人唾骂

用"莫须有"的名义急切地处死岳飞，一方面证明秦桧等人并没有掌握确凿的证据，而是赤裸裸的诬陷；另一方面也说明了秦桧等人的目的就是处心积虑地杀害岳飞，满足金人的要求，而不在意事实真相。

岳飞因"莫须有"的罪名被害，将南宋投降派的丑恶嘴脸暴露无遗。

岳飞是什么时候沉冤得雪的？

1162 年，宋高宗将皇位禅让给他过继的儿子赵昚（shèn），就是后来的宋孝宗。

宋孝宗是一个有志于对金用兵、收复失地的君王，所以他对于岳飞深怀敬意，对秦桧则深恶痛绝。因此，在继位之初，宋孝宗就下令恢复岳飞的"少保、武胜定国军节度使、武昌郡开国公"等官职，也恢复了岳云的封号和官职，后来还发还了岳家的田地房屋等财产。从此，岳飞的冤案得到平反。

河南汤阴岳飞庙，又名精忠庙，后也称"宋岳忠武王庙"，是后人为纪念岳飞而建的祠庙

知识拓展："岳母刺字"的故事是真的吗？

关于岳飞，民间流传着很多关于他的英雄事迹，其中，岳母刺字的故事更是广为人知。故事讲的是岳飞去前线打仗前，岳母在他的背上刺了"精忠报国"四个字，以此激励他不忘国难。

岳飞背上刺字的记载最早见于元人所修的《宋史》，上边说，岳飞背后有"尽忠报国"四个字。宋代有"刺字为兵"的风气，所以岳飞从军时在背部刺上"尽忠报国"四字是有理可据的。

关于后来流传的"精忠报国"，有学者认为是后世一些人混淆了岳飞背后刺的字和宋高宗赵构御赐的"精忠岳飞"。

至于是不是岳飞的母亲给岳飞刺字，史书上没有记载。但是后来，"岳母刺字"的故事却逐渐流传，被传颂不绝，成为一段脍炙人口的佳话。

完颜亮命令尚书右丞张浩、苏保衡等人负责燕京城的扩建与宫室的营造。完工后，苏保衡升任为工部尚书。

1151 年，海陵王在潞县设置了通州的治所，潞县改名通州。

金中都

作为中国四大古都之一，北京有着 800 多年的建都史。北京建都的起始朝代尚有争议，目前普遍认为是从金代海陵王完颜亮迁都燕京（改名中都）开始。

迁都后，曾经的南京析津府改名为中都大兴府，也就是我们说的「金中都」。

修建中的金中都

张浩

苏保衡

民工

卢沟桥模型

10 　仔细观察一下画面，金中都的城市结构有什么特色，你能看出是参考的哪里吗？去后面的内容中寻找答案吧！

找一找，这顶造型与众不同的帐篷在画面的什么地方？

改名大兴府

←← 为什么叫"金中都"？ →→

金灭辽之后，基本上沿袭了辽的五京制度：东京辽阳府、南京析津府、中京大定府和西京大同府的名称未变，只是将金的都城会宁府升为上京后，改辽上京为北京，另外，金一般称辽的南京（今北京）为燕京。

作为游牧民族政权的都城，上京会宁府一开始比较简陋，到第三位皇帝金熙宗时，仿照汉制建敷德殿为朝殿，以供百官陛见，建庆元宫，作为太祖皇帝原庙，安放遗像，又修建太庙、社稷，至此，上京始有皇都气象。

第四任皇帝海陵王完颜亮即位后，认为"燕京乃天地之中"，便于统一南北，入主中原，于是决定迁都燕京。

1153 年，完颜亮下诏正式从上京迁都到燕京，改元贞元，改燕京为中都大兴府，即金中都。

海陵王完颜亮

完颜亮明明是皇帝，为什么被称为海陵王？

完颜亮生于 1122 年，卒于 1161 年，本名完颜迭古乃。

完颜亮是完颜阿骨打的庶孙，少年有成，并极度崇尚汉文化，喜欢与留居在金地的辽宋名士交往，在宗室之内名声颇善，其才能为金熙宗所忌惮。1150 年初，完颜亮弑君后篡位称帝，成为金朝的第四位皇帝。

完颜亮在位 12 年，励精图治，鼓励农耕，整顿吏政，完善财制，并大力推广汉化政策，加强中央集权的同时，进一步巩固了金王朝在北方的统治。

1161 年，完颜亮意图统一华夏，组织大军南下，然而却在瓜洲（今江苏扬州境内）渡江作战时死于部下完颜元宜等人之手。

完颜亮死后先被降封为海陵郡王，不久又被贬为庶人，历史上一般称他为"海陵王"。

为了迁都，完颜亮都做了哪些准备工作？

首都是古代王朝的命脉所在，不仅是国家的政治中心，大多数情况下也是经济文化中心和军事中心，因此迁都事关重大，必须要谨慎对待。为了顺利迁都，完颜亮做了不少准备工作。

首先是论证迁都燕京的可行性。由于金朝疆域的不断扩大，上京的地理位置优势已经转变为劣势，影响到金朝统一南北的战略。经过大臣之间激烈的讨论和斗争，最终决定迁都。但是在君臣取得一致意见后，还需要发布求言诏，得到百姓的认可，让大家做好准备。

其次，还要确定负责建造新都的官员以及建设人员等事项。燕京本来是五京之一，并没有作为一国之都的基础，所以要进行升级改造。

最后，人口是国家发展的基础，因此首要的便是采取优惠措施，鼓励人口迁徙，促进燕京地区的经济发展。

迁都之后，燕京得以迅速发展起来，成为新的政治经济中心，很快具有了首都气象。

金中都的建设参照了什么地方？

金中都在辽南京城的基础上向东、南和西三个方向进行扩展，并新建了宫城。在修建中不仅参照了北宋都城汴京的规划和建筑式样，同时作为中原都城应该有的各种设施，如皇家园林、皇家陵寝、坛庙场所以及各级官府衙署等，都在扩建中得到营建和完善。

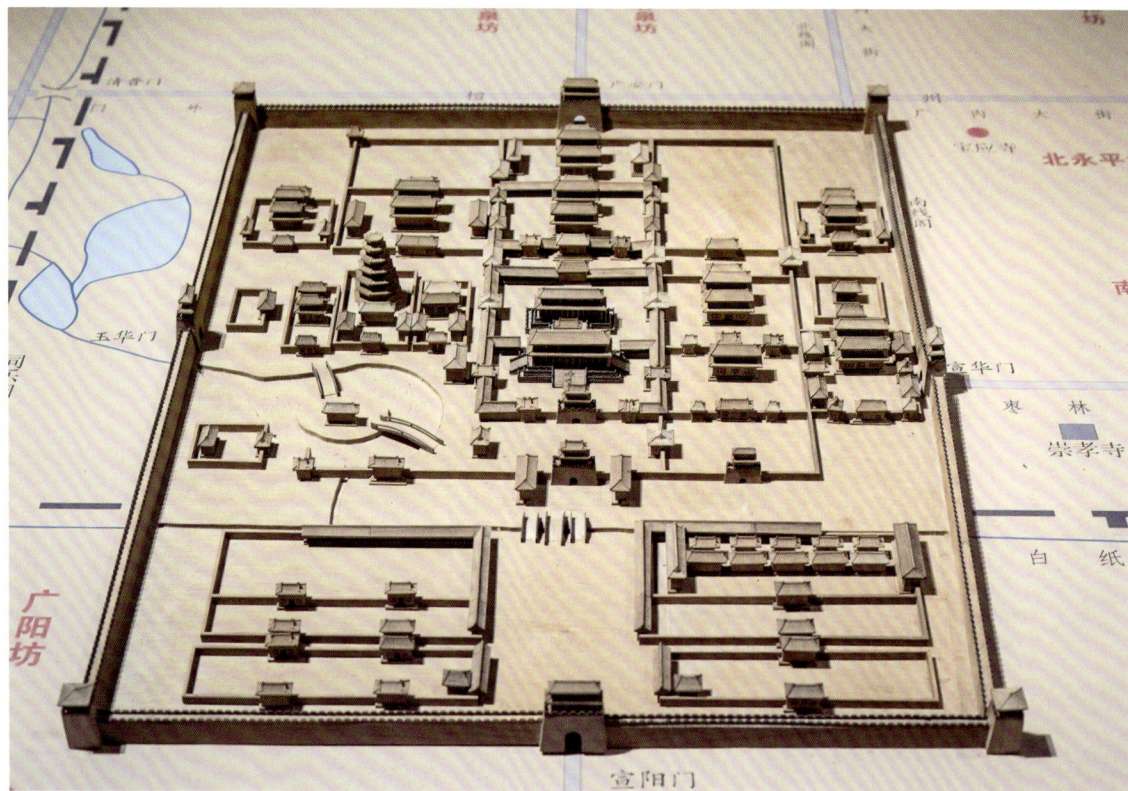

金中都都城复原沙盘图

金中都的修建整体上具有明显的汉化倾向，这是金朝想要成为中原正统、统一华夏的表现。但是，金中都并未完全以北宋都城汴京为准，而是根据地理环境的不同做出了一些调整，比如：金中都的外城更偏向于正方形，汴京城则是长方形；金中都的宫城和皇城位置更偏向于西方，汴京则更靠北；汴京的外城周长达 25 千米，而金中都的面积则有所减少等。

北京建都史为什么要从金中都开始算起？

北京是一座有着 3000 多年历史的古城，作为中国四大古都之一，建都史也有 800 多年。虽然对于北京建都起始朝代尚有争议——有辽朝、金朝、元朝等不同观点，但目前以金中都作为北京建都起始年代的说法较为普遍。

辽虽然有五京，但都不是真正意义上的首都。辽是马背上的王国，始终没有一个固定的政治中心，其具有首都功能的是"四时捺钵"——"捺钵"为契丹语，意思是"行在"或"行宫"，也就是流动的首都。

因此从严格意义上来说，作为五京之一的燕京（当时称为南京析津府）并不能说是一国之都。

完颜亮迁都之后，金中都才开始发生质变，逐渐成为北方的政治、经济、军事、文化中心，同时也奠定了后世元、明、清继续选择北京作为首都的根基。

辽上京穹庐陶器，展现了"马牛到处即为家，一卓穹庐数乘车"这一游牧民族的生活习性

金中都存在了多少年？

从 1153 年兴建完成并迁都，到 1215 年被蒙古人所毁，金中都一共存在了 60 多年的时间。

蒙古人崛起之后，不断向金人发起攻击，1214 年，蒙古军队包围金中都，金军顽强坚守一年后，金中都被攻陷。愤怒的蒙古人为了打击金朝，在大肆掠夺城中财产后，将其焚毁，城池遭受了严重的毁坏，金中都不复存在。

1272 年，忽必烈才最终决定改中都为大都，作为全国首都。但是由于金中都毁坏严重，元朝基本上是另起炉灶，与金朝的建筑布局有了很大的变化。

从唐代开始，就出现了以鱼纹入镜，但是金代铜镜中的鱼形象写实，丰满生动，并配以水波、涟漪、花草，充满吉祥、欢乐的寓意，因而格外惹人喜爱，最为人称道

知识拓展：金中都现在还有哪些遗址？

到目前为止，金中都遗址的发掘工作成绩显著，如金中都水关遗址、金中都城垣遗址等，考古学家还确定了应天门、大安殿等遗迹的具体位置。

金中都水关遗址是目前国内发现的规模最大、保存最完整的一处水关遗址，被评为 1990 年的全国十大考古发现之一。水关，就是古代城墙下供河水进出的水道建筑。水关跨越城墙修建，为木石结构，水流经水涵洞由北向南流入护城河，明确了金中都城内水系的流向和流入护城河的确切地点。水关遗址是金中都遗址的重要标志。

金中都城垣遗址目前仅存三处，分别位于高楼村、凤凰嘴村和万泉寺村。这三处遗址全部位于今北京丰台区内。这些城墙也是北京城现存最早的城垣遗址，其中最大的是位于凤凰嘴村的遗址，长 20 多米，高 3 米。

20 世纪 90 年代后，考古工作者逐渐发掘出了宫殿遗址和莲花池遗址。莲花池经过改造后，现在成为市民游玩休息的地方。

金中都水关遗址

一代天骄成吉思汗

　　"一代天骄，成吉思汗，只识弯弓射大雕。"其实，成吉思汗并非"只识弯弓射大雕"的武夫，他是一位有着远见卓识的政治家，对蒙元的政治、法律和文化制度都有重大影响。

苏鲁锭

蒙古四獒（即『四先锋』）是四个蒙古军大将，他们分别是：速不台、者勒蔑、哲别和忽必来。

据记载，铁木真出生的时候，手中握着一块胎血，就是一个两头尖尖的菱形图案。后来，耶律楚材派人按此图案打造了一个标志物，取名苏鲁锭，设在成吉思汗金帐的顶部，并作为蒙古军队的军旗和军徽。

火不思是蒙古族拨奏弦鸣乐器，盛行于元代，清代列入国乐，清后失传，中华人民共和国成立后重新研制成功，并流行于新疆、内蒙古、甘肃北部等地。

成吉思汗

通天巫阔阔出

蒙古四獒

萨满

火不思

你知道吗？除了四獒之外，成吉思汗手下还有『四骏』和『四杰』，可谓猛将如云。

阔阔出是蒙古部落的通天巫，是他提出了"成吉思汗"这个称号，才让铁木真闻名于世。但后来，他因与成吉思汗作对而被除去。

这个舞蹈的巫师的脸被挡住了，你还能找到他的位置吗？

15

←← 成吉思汗是本名吗？ →→

并不是，他的本名叫孛儿只斤·铁木真，孛儿只斤是氏族名称，铁木真是名字。成吉思汗是他成为蒙古大汗之后的"尊号"，这一尊号源自1206年的一次大会盟。

随着实力不断增强，铁木真成为蒙古高原实际的主人。1206年春，蒙古贵族在斡难河源头召开了名为"忽里勒台"的大会，授予铁木真"成吉思汗"的称号，承认他有统治"住在毛毡帐篷下的人"的权力，铁木真的地位自此正统化，蒙古汗国建立。

在蒙古语中，"成吉思汗"的意思是"海洋般的统治者"，后世便多以成吉思汗来称呼他。

《南薰殿图像·元代帝像册》中的成吉思汗画像，现藏于台北"故宫博物院"

什么是"忽里勒台"？

忽里勒台，就是蒙古部落召开的推举首领、决定部族大事的大会。蒙古族没有中原的嫡长子继承制，他们的大汗都要经过忽里勒台推选，才能得到各个部落的承认。

忽里勒台模拟图

成吉思汗就是通过忽里勒台才当选大汗的，而他指定的继承人窝阔台也要通过忽里勒台才能得到认可。忽里勒台的推举过程并不总是和平的，往往伴随着屠杀和冲突，例如此后的蒙哥、忽必烈，都经过了激烈的争夺才能够继任汗位。

后来，忽里勒台慢慢变成了一种仪式上的象征，推举大汗的政治功能逐渐弱化。

蒙古族是怎么兴起的？

蒙古族的族名最早以"蒙兀"的形式见于唐代的史书记载。在这些记载中，蒙兀是另一个庞大族群室韦的一支。

10世纪，蒙兀开始向斡难河迁移，11世纪，他们在斡难河一带建立了家园，蒙古部落的始祖——巴塔赤罕在这里诞生。他的后代就是蒙古族古老的氏族之一——孛儿只斤，铁木真就出生于此。

铁木真时期，女真和蒙古之间矛盾不断，但女真此时正在走下坡路，蒙古部落一改早期的混乱局面，开始了部落联盟。铁木真凭借其个人出众的能力，推动蒙古部落走向联合，草原势力空前统一。

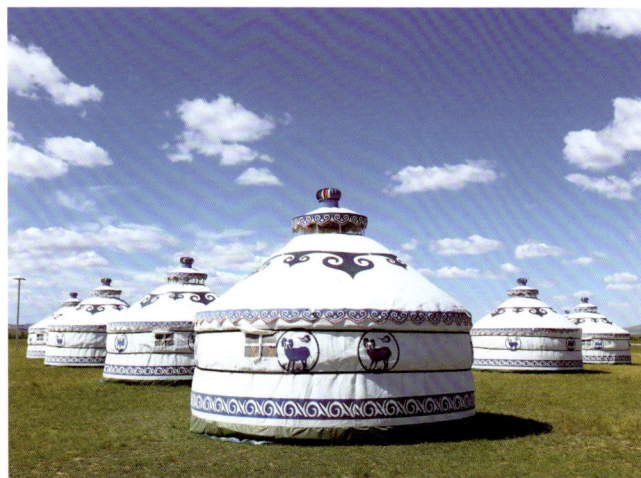

草原上的蒙古包

成书于大约13世纪的《蒙古秘史》比较清晰地记载了铁木真早年的经历以及蒙古崛起的过程，为我们留下了珍贵的资料。

《蒙古秘史》中都记录了哪些内容？

《蒙古秘史》又被称为《元朝秘史》，是蒙古族第一部珍贵的历史著作。《蒙古秘史》内容极其广泛，详细地记录了从成吉思汗到窝阔台汗时期的历史，突出描述了成吉思汗建立蒙古汗国的过程，记载了蒙古汗国南征并进兵中亚、远征欧洲的情况，还涉及了蒙古族早期社会生产和生活的方方面面。

不仅如此，《蒙古秘史》还记叙了12至13世纪蒙古地区游牧狩猎人的生产生活方式和风俗习惯，保存了当时蒙古地区的许多口头传说、故事、韵文、谚语，具有珍贵的史料价值。

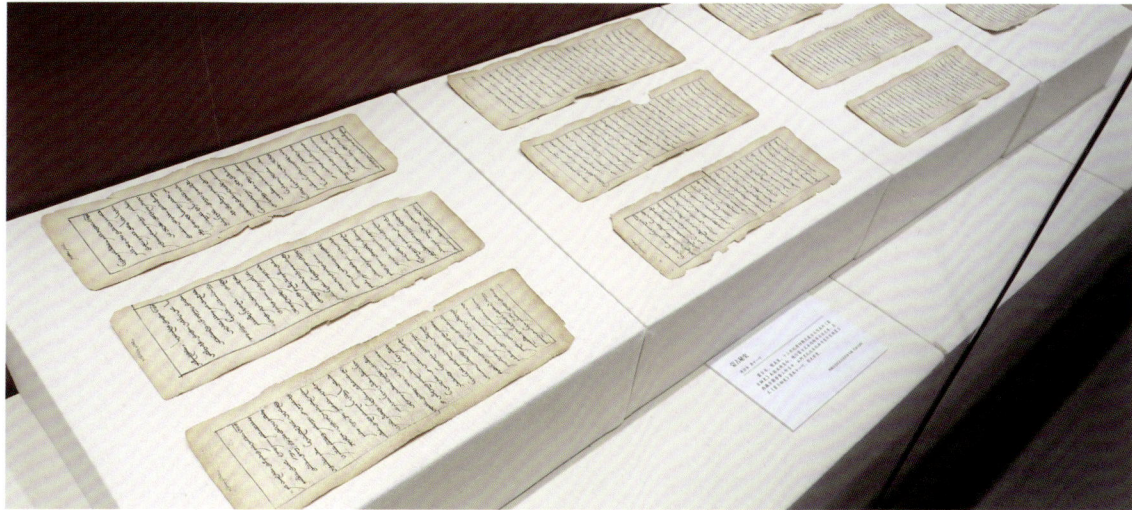
清抄本《蒙古秘史》

成吉思汗是如何管理他的游牧帝国的?

成吉思汗统一草原后,势力大大扩张,他遵循草原传统,采用"千户制度"来管理帝国。

最初成吉思汗组建了 95 个千户,将功臣、同族、亲戚分封为千户长,同时还有 10 个千户作为他的私人护卫军。到 1227 年成吉思汗去世时,千户的数量已经增加到 129 个。

成吉思汗金币,背面署有成吉思汗全名和制造地、年份,存世仅数十枚,十分罕见

每一个千户既是军事单位,也是行政单位。千户制度既保留了游牧民族的军事优势,同时也大大加强了对于社会的控制,提高了部落的凝聚力。

成吉思汗给长子术赤、次子察合台、三子窝阔台每人 4 个千户,又给次弟哈撒儿 1 个千户,三弟合赤温遗子按赤台分得 3 个千户,幼弟铁木哥和母亲月伦共分得 8 个千户。除了分封给诸子诸弟的 24 千户外,剩余的百姓都归成吉思汗和他的幼子拖雷所有。

为什么成吉思汗给幼子分的千户最多?

这就要提到蒙古族的"幼子守灶"制度。

蒙古族的家庭一般由夫妻和未成年子女组成。蒙古族的传统惯例是在父亲在世时,长子成人结婚后,分得一部分财产和牲畜等,独立居住;女儿出嫁也有相当数量的陪嫁。父亲死后,由正妻所生的最小的儿子(蒙古语叫"斡赤斤",意为"守灶者")继承家业,管理家务。

但是这种"幼子守灶"的继承制与亲中选贤的大汗推举制相矛盾,导致蒙古汗国和后来的元朝在汗位、皇位继承问题上产生一系列的冲突,多次导致汗位转移和宫廷政变。

成吉思汗为什么一直在征战?

纵观成吉思汗的一生,从统一草原部落到创建蒙古帝国,他一直在不断地发动对外战争,仿佛是一台永不停歇的机器。他牵引着庞大的"马上帝国",无情地碾碎任何试图阻挡他前进的势力。

统一草原在成吉思汗的军事生涯中,只能算是小试牛刀。后来,他曾多次出征西夏、讨伐金国,攻陷金中都,西征花剌子模,可以说他的一生都打上了战争的印记。

成吉思汗为什么热衷于征战?原因复杂多样:一方面,游牧民族逐水草而居,生活资源短缺,又容易受到自然灾害的影响,难以像农耕民族那样积累财富,为了生存,他们只能经常对外掠夺,形成了很强的侵略性;另一方面,蒙古部落文明落后,保留了大量的野蛮行为和原始习惯,他们的社会组织属于军民一体,一旦开始战争,便能够不断地以战养战,壮大自身。

成吉思汗真的"只识弯弓射大雕"吗?

毛泽东在《沁园春·雪》中写道,"一代天骄,成吉思汗,只识弯弓射大雕",以此夸赞成吉思汗具有杰出的军事才能。不仅如此,他在政务方面也具有卓越的才华和深刻的洞见,对元朝的政治、法律和文化制度都有重大影响。

首先,他创建了怯薛制度,怯薛作为一个机构,既承担护卫成吉思汗的职责,同时还负责大汗的饮食起居等生活事宜。随着成吉思汗实力的增强,怯薛不断扩充人员,来满足实际的行政需要。

成吉思汗纪念堂

他还设立了新的职务——大断事官,来监督与协调新扩大的行政体制的活动,是最高的法律权威。1206年,成吉思汗命令当时的大断事官失吉忽秃忽着手制订青册,这是蒙古族正式颁布成文法的开端。十几年后,形成了蒙古族的第一部成文法——《札撒大典》(现已失传)。

他还让塔塔统阿用畏兀儿文拼写蒙古语,这就是所谓的"畏兀字书",在不断的发展演变中流传至今。上文提到的《蒙古秘史》,正是用"畏兀字书"写成的。

丘处机雪山论道

丘处机是道教全真道的第五代掌教人，70多岁时，他不远千里赶赴西域，与正在西征的成吉思汗"雪山论道"。这次会面对成吉思汗的杀伐行为起到了一定的约束作用。

兴都库什山

一名蒙古士兵低下了头，似乎是为自己之前的杀戮行为感到羞愧，他在哪儿？

蒙古军营帐

蒙古族不仅骁勇善战，还能歌善舞，瞧，一群蒙古族姑娘正准备为远道而来的客人献上精心准备的舞蹈呢！

有一位道长正在给别人包扎，你能找到这一幕吗？

八鲁湾行宫

丘处机

成吉思汗

李志常

耶律楚材

摔跤

聪明的你还记得这是什么东西吗？提示：你曾在第 14 页看到过相关介绍哦！

丘处机的弟子李志常根据一路上的西行见闻，写成了《长春真人西游记》一书，成为研究中亚历史、蒙古历史和道教历史的重要史料。

19

丘处机的历史地位如何？

丘处机，字通密，道号长春子，登州栖霞（今属山东）人，道教全真道第五代掌教。丘处机为道教的发展与传播发挥了巨大的作用，同时也对蒙古帝国和南宋的关系有着深刻的影响。

丘处机 19 岁出家，师从王重阳。他潜心钻研道教思想，并在饶州龙门山（今陕西宝鸡）隐居潜修七年，成为全真龙门派创始人之一。

1219 年，成吉思汗派使者刘仲禄等人前往山东，邀请丘处机来蒙古帝国相见。

1222 年，丘处机一行历经风霜雨雪，抵达西域的阿姆河南岸，在八鲁湾行宫觐见成吉思汗。成吉思汗与丘处机二人在雪山下相谈数次，对话内容也被记录了下来。

这次"雪山相会"，二人不仅谈论了道家的养生之道，还就一些和平与发展的大问题进行了探讨，在某种程度上影响了成吉思汗的决策，对蒙古及元朝的发展路线也有一定程度的影响。

在金庸先生的小说中，丘处机和全真七子都是比较重要的角色，在文学作品和影视媒体的传播中，全真道更为大众所知。

全真七子指的是全真道第一任掌教王重阳的弟子，分别为马钰、谭处端、刘处玄、丘处机、王处一、郝大通、孙不二。其中孙不二是女弟子，后与大师兄马钰结为夫妻。

王重阳去世后，马钰为第二任掌教，谭处端则是第三任，刘处玄第四任，丘处机为第五任。其中，丘处机对于全真道的发展发挥的作用最大，是道教发展的关键人物之一。

道教浮雕——王重阳和全真七子

为什么叫"全真道"？

全真道创始者王重阳，咸阳（今陕西咸阳市东北）人，字知明，号重阳子。传统道教自南北朝寇谦之、陆修静改革、整顿后，又经历了漫长的隋唐五代和宋，日渐衰颓。因此王重阳开始思考道教发展之路，寻求改革。

王重阳主张儒、释、道三教平等，提倡"三教合一"。全真道内以道教的《道德经》为主，以儒家的《孝经》和佛教的《般若波罗蜜多心经》为辅，认为修道即修心，除情去欲、存思静定、心地清静便是修行的真捷径。所以，全真道不崇尚符箓，也不行炼丹之术。

王重阳主张无心忘言，正心诚意，少思寡欲，注重修行，又因为这个教派内修"求返其真"，主张功行俱全，以期成仙证真，所以叫"全真"。

重阳宫，享有"天下祖庭""全真圣地"之盛名，位于陕西省西安市鄠邑区祖庵镇，是全真道的三大祖庭之首，也是全真道祖师王重阳早年修道和遗蜕的地方

《射雕英雄传》和《神雕侠侣》里的全真七子有历史原型吗？

其实丘处机和全真七子都是历史中的真实人物，只不过金庸先生在小说中进行了艺术加工，添加了武侠元素。

丘处机为什么接受成吉思汗的邀请？

丘处机主张济世度人，希望尽快结束战乱，让百姓的生活恢复安定，不再流离失所。因此他把"救得群生苦"作为自己掌教的重要职责，并一直为此不懈努力。

当时宋、金实力衰弱，而新崛起的蒙古国势头日盛。后来，成吉思汗派使者邀请丘处机相见，丘处机便不顾年老之躯西行千里，试图向成吉思汗宣讲体现着道、释、儒三教精华的全真思想，并利用成吉思汗的影响解救战乱中的贫苦百姓。

这是迄今为止，国内外唯一一块元代巴思巴文圣旨金牌，圆穿缘上錾刻"张字九十六号"6个汉字，牌子正反两面各有两行巴思巴文字，意为"皇帝的圣谕是不可侵犯的，谁要违背，将会被处死"

汗产生了一定的影响。

丘处机向成吉思汗宣传"去暴止杀"，减少了蒙古统治者对所征服地区人民的残酷杀戮；他还倡导济世安民思想，为中原地区的经济恢复、社会安定做出了贡献；此外，他还宣传"三教合一"的理念，推动蒙古统治者在中原地区进行汉化改革，加速了元朝统一全国的进程。

总体来说，成吉思汗或多或少接受了丘处机的建议，在后来的施政中有所体现，但我们要理性看待丘处机的作用，不要过分拔高。

雪山论道的地点在哪儿？他们都谈了些什么？

丘处机接受成吉思汗的邀请后，就赶赴当时成吉思汗在中亚的行营。经过两年的艰苦跋涉，丘处机一行人到达雪山（今阿富汗境内兴都库什山）行营，面见成吉思汗，史称"雪山论道"。

丘处机与成吉思汗的正式论道共有三次，主要内容包括四个方面：

一是论长生修炼之道。成吉思汗想寻求长生不老的方法，丘处机坦率地承认并没有不老之术，只有清心寡欲、行气炼阳才是修炼的途径。

二是帝王之术。丘处机认为帝王和平常人的修炼不一样，帝王要做到"外修阴德，内固精神"，这样才能恤民保众，天下怀安。

三是统一天下、治理中原之策。丘处机提出要讲求济世安民，顺应人心。

四是丘处机向成吉思汗讲解全真道的教义和道教经典。

雪山论道对成吉思汗的杀伐行为起到了一定程度上的规劝作用，同时全真道也依靠官府的力量得到迅速发展。

耶律楚材雕像

是谁促成了这次雪山论道？

这个人叫耶律楚材，出身契丹贵族，曾入仕金朝，后来又追随成吉思汗及其子窝阔台，对元朝的政治制度和施政方略有重要影响。

首先，成吉思汗派出使者所持的诏书，出自耶律楚材的手笔，文字典雅，感情真挚，对丘处机赞誉备至。这份诏书打动了丘处机，促使他决定西行。

其次，在成吉思汗与丘处机两人论道之时，耶律楚材在成吉思汗身旁充当翻译，两人论道的内容，也由耶律楚材加以记录、整理，并于日后编成《玄风庆会录》一书。书中保存了不少丘处机和成吉思汗的对话，让我们在今天还能了解这段历史。

雪山论道后，丘处机去了哪儿？

雪山论道后，丘处机返回中原地区。1224年，丘处机应燕京（今北京）官员的邀请主持天长观，后来，成吉思汗下诏将天长观改名长春宫（今白云观），赐下"金虎牌"，诏请丘处机掌管天下道教。

1227年，丘处机在长春宫宝玄堂逝世，享年79岁，被安葬于长春宫内的处顺堂，传说在他过世后有瑞香之气飘荡在燕京城整整三日。

1269年，忽必烈追尊丘处机为"长春演道主教真人"，世人一般称为长春真人。为了纪念长春真人在道教发展史上的贡献和劝诫成吉思汗的功绩，现在北京白云观每年正月十九日还有纪念他的活动。

丘处机真的是"一言止杀"吗？

民间有很多关于丘处机的传说，其中比较著名的是"一言止杀"，说的是在丘处机的劝告下，成吉思汗停止了对无辜百姓的杀戮。虽然此说法有些夸张，但"雪山论道"还是对成吉思

成吉思汗西征

　　蒙古帝国先后进行了三次大规模的西征，从1219年成吉思汗西征花剌子模开始，到1260年旭烈兀建立伊儿汗国，前后长达40余年，大大改变了当时世界的格局，对后来的历史发展也产生了深远的影响。

苏鲁锭

蒙古士兵

成吉思汗

玉龙杰赤城

成吉思汗为什么要征讨花剌子模，他们之间有什么矛盾？后面的内容将会为你揭晓答案。

← ← 花剌子模在哪里？ → →

花剌子模是位于中亚细亚阿姆河下游的一个古地区，主要领地在今天的乌兹别克斯坦和土库曼斯坦境内。

花剌子模虽然位于干燥地带，但并不缺少水资源，古代阿姆河丰富的水资源为其提供了灌溉的便利，因此，这里成为农业生产高度发达的地区。花剌子模曾先后臣服于多个国家，例如波斯帝国、贵霜帝国、波斯萨珊王朝、阿拉伯帝国、伽色尼王朝、塞尔柱帝国、西辽。到13世纪，阿拉丁·摩诃末在位期间，花剌子模的国力达到了鼎盛，领土范围包括今日伊朗、阿富汗、乌兹别克斯坦、塔吉克斯坦、哈萨克斯坦、伊拉克东部及以色列等地。

波斯萨珊王朝银币

蒙古人为什么四处屠城？

首先是和游牧民族的特性有关，他们的生活比较原始，日常生产不能满足需要，经常要靠劫掠来维持生计，战争本就是生活常态。这就使得他们更看重攻占地区的物资，而把人命视为草芥。

其次是震慑对手，蒙古骑兵通过血腥屠城瓦解敌人的战斗力，迅速掠夺敌方的财富和土地，补充军队给养。此外也有报复敌人的原因，比如蒙古人在花剌子模和西夏屠城，就是为了报仇。

还有一点，蒙古兵力有限，攻下来的大量城池不能分兵驻守，为了使后方稳定，只能采取屠杀的方式来打击敌人的有生力量，不留后患。

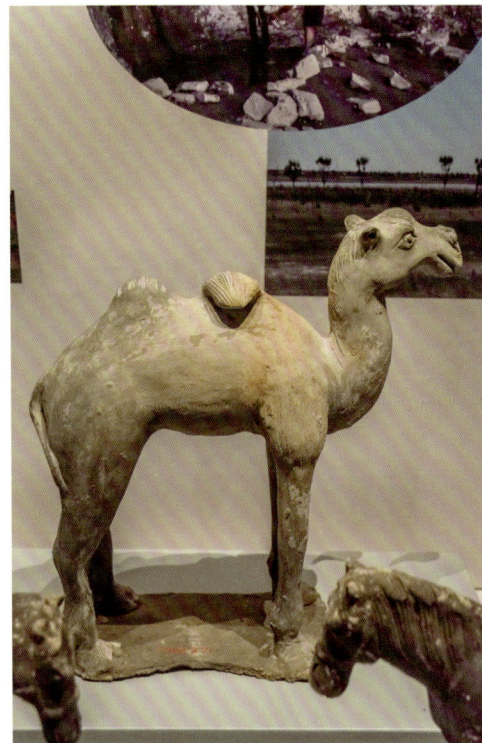

蒙古骑兵雕塑

成吉思汗为什么要攻打花剌子模？

1215年，成吉思汗攻下金中都后打算继续南下，于是在同年派使节到花剌子模王国，希望双方能够正常通商贸易，不愿发生战争。

成吉思汗按协定派出使臣与商队450人，用500头骆驼携带大批金银珠宝与物资前往通商。至讹答剌时，当地总督亦难出见财起意，诬蔑商队为间谍，上报摩诃末后屠杀商队，并侵吞了所有的珠宝、商品和骆驼，仅1名商队驼夫逃回蒙古。

成吉思汗当时在全力攻金，想争取和平解决，便派出使臣，致书摩诃末，指责其背信弃义，要求交出凶手亦难出。但狂妄自大的摩诃末拒绝了成吉思汗的要求，还杀死了正使，剃光两位副使胡须以作羞辱，然后将他们押送出境。

成吉思汗大怒，于是让木华黎负责攻金的事务，他则亲自谋划征讨花剌子模。1219年，成吉思汗率领20万军队进攻花剌子模，历时五年，消灭收编其40万军队，夺取了花剌子模大片土地。

元代陶骆驼

西征花剌子模之后，成吉思汗为什么要灭西夏？

成吉思汗进攻花剌子模的时候，曾向西夏借兵，但西夏人违背约定，没有出兵。几年后，西夏人同意派出军队帮助蒙古，但却又突然撤兵。西夏的反复无常，对蒙古来说既是对声望的

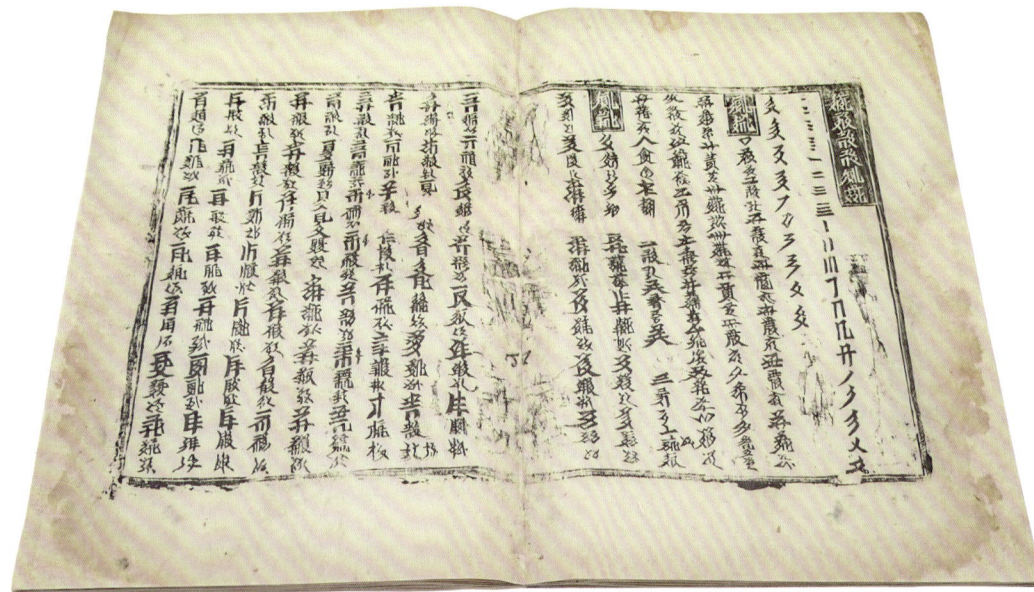

西夏文字典（西夏时期刻本）

挑战，也是军事上的威胁。

1225 年春，成吉思汗决定试探西夏人的态度，于是命令西夏的君主嵬名德旺送来一个儿子作为人质，来担保西夏的忠诚。西夏不仅态度敷衍，还在 1225 年秋和金朝签订了和平条约。这彻底激怒了蒙古人，成吉思汗决定发动对西夏的战争。

面对强大的蒙古军队，西夏毫无抵抗能力，在 1227 年被灭国。

同年，一代天骄成吉思汗却神秘去世，一个时代落幕了。

为什么说成吉思汗之死充满谜团？

关于成吉思汗之死的原因，众说纷纭，莫衷一是。现在流传的说法大致有四种：

一是"坠马说"，《元史》和《蒙古秘史》都记载成吉思汗是因为坠马导致旧伤复发，引起并发症，导致了他的死亡；

二是"雷击说"，罗马教廷使者加宾尼记载成吉思汗是误进雷区，然后被劈死了；

三是"中毒说"，马可·波罗在《马可·波罗游记》中记载了成吉思汗在进攻西夏时，膝部不幸中了西夏士兵射来的毒箭，结果不治身亡；

四是"刺杀说"，《钦定蒙古源流》中记载，攻打西夏时，蒙古人俘虏了西夏王妃古尔伯勒津郭斡哈屯，结果这位王妃在侍寝的时候，刺杀了成吉思汗。

总之，各种说法都不能让人完全信服，如果能够找到考古学上的一些证据，可能会带来新的答案。

成吉思汗陵

成吉思汗究竟被埋在哪里？

现在内蒙古自治区鄂尔多斯市伊金霍洛旗的草原上，坐落着一片极具蒙古族艺术风格的建筑。这片建筑群就是蒙古帝国第一代大汗成吉思汗的衣冠冢，即成吉思汗陵。

之所以只是衣冠冢，没有尸身，是由于蒙古族盛行"密葬制度"，所以真正的成吉思汗陵究竟在何处始终是个谜。

"密葬制度"，指蒙古皇族下葬后，先用几百匹战马将地面踏平，再在上面种上树木，直到没有痕迹才离开。

实行这种制度的原因是游牧民族逐水草而居，以迁徙为常事，若营造高大的陵墓，也无法看守。况且，当时蒙古族深受萨满教的影响，信奉人来自自然，也应该回归自然，讲究"入土为安"，不必营造陵墓。

蒙古西征最远到达了哪里？

蒙古帝国先后进行了三次大规模的西征，从 1219 年开始，一共持续了 40 余年的时间。

第一次西征由成吉思汗亲自指挥，目的是消灭中亚强国花剌子模。

第二次西征被称为"长子西征"，这时成吉思汗已经去世，担任主帅的是成吉思汗长子术赤的次子拔都，另外成吉思汗次子察合台的三子贝达尔、成吉思汗三子窝阔台的长子贵由、成吉思汗四子拖雷的长子蒙哥也各自统领本王室军队参与西征。本次西征的目的是征服乌拉尔河以西的斡罗思、钦察以及莱茵河畔的欧洲诸国。

第三次西征以蒙哥的兄弟旭烈兀为主帅，目的是消灭波斯、黑衣大食，控制中东地区。

蒙古西征最远到达了今天多瑙河流域的奥地利和维也纳附近，一路征服了钦察草原、不里阿耳、斡罗思、波兰等地区。

为什么说蒙古西征对世界历史影响深远？

蒙古西征持续时间长、涉及地域广，一路灭亡了许多国家，重整了世界上的军事力量和政治格局。蒙古人发动战争的同时也促进了东西方的文化交流，不同的文化得以相互碰撞和借鉴吸收，造纸术、印刷术等技术也在此时传向西方，推动欧洲后来的技术发展。

因此，蒙古西征对世界的文化、军事、政治、科技等方面都有深远影响。

襄阳攻守战

　　1235 年，蒙古军首次南侵，被南宋击退，但是他们并没有放弃，随后又发动了两次南侵，前部已接近长江北岸。1267 年，忽必烈下令攻打襄阳，一场决定南宋生死存亡的大战开始了……

从画面中蒙古军搭建的营帐我们就能看出来，襄阳之战是一场持久战。

榷场

西域炮是什么东西？它在攻城中会起到什么作用？请翻到 28 页寻找答案吧！　　　真奇怪！帐篷的前面怎么会有梯子，这一幕出现在哪儿？

还记得榷场是什么地方吗？我们在哪个主题曾经介绍过它呢？快开动脑筋想一想。

有一个从云梯上摔下来的蒙古士兵要掉到一团火上了，快找到他！

西域炮

蒙将阿术

云梯

这个南宋士兵正在和一名蒙古士兵单挑，他们谁将获得胜利呢？

战火让动物们纷纷躁动不安起来，你能在画面中找到这两头受到惊吓的牛吗？

画面中出现了一张桌子，你能找到吗？

27

襄阳之战究竟打了多久？

在金庸先生的武侠小说《神雕侠侣》中，郭靖黄蓉夫妇召唤江湖人士与官兵共同守卫襄阳，表现了"侠之大者，为国为民"的崇高精神。但是，郭靖守襄阳只是金庸先生虚构出来的故事，历史上真实的襄阳之战并非如此。

广义上的襄阳之战始于 1235 年，南宋和蒙古的和平约定破裂，双方在襄阳开战，直到 1273 年襄阳城破，历时 38 年。

狭义上的襄阳之战，指的是从 1267 年忽必烈命蒙将阿术进攻襄阳开始，到 1273 年吕文焕力竭降元，历时近 6 年，以南宋襄阳失陷而告结束。

元世祖忽必烈像

为什么襄阳成为蒙古人的首要目标？

襄阳自古以来就是兵家必争之地，东汉末年魏、蜀、吴三国曾围绕这里发生过多次战争。后来南方被不断开发，襄阳的重要性日益提高，对于偏安东南的南宋来说，襄阳更是关乎命脉。

明末清初的学者顾祖禹就曾说："夫襄阳者，天下之腰膂（lǚ）也。中原有之，可以并东南，东南得之，亦可以图西北者也。"

襄阳有岘山和汉江两道天然屏障，南宋朝廷又在这个得天独厚的优势上继续经营，营造了坚实的城墙和宽广的护城河。此外，襄阳和樊城（并称"襄樊"）互为掎角之势，易守难攻。所以，在宋蒙长达 45 年的战争中，襄阳之战就打了 38 年，几乎贯穿始终。

在多年的攻守战争中，双方死伤人数达到 40 万，消耗的粮草和兵力更是无法统计。蒙古统治者对襄阳觊觎已久，两位大汗窝阔台和蒙哥都铩羽而归，更是激起忽必烈的必胜决心。他重新做了战略上的部署，在人力、物力上做了充足准备。最终，南宋抵不住蒙古军队的攻势，襄阳守将吕文焕举城投降。

襄阳古城墙

襄阳是如何失守的？

1267 年，蒙古征南都元帅阿术进攻襄阳，双方在安阳滩展开大战，宋军处于劣势，暂时撤退。

此时，忽必烈听从刘整和史枢等人的建议，采取包围襄樊、围点打援的战略。此乃一石二鸟之计，一是意图消耗襄樊城内的粮草，二是趁机消灭南宋援军，削弱南宋军事力量。当时襄阳守将吕文焕察觉到蒙军的意图，向京湖安抚制置使吕文德汇报，但吕文德却根本不在意，还允许蒙军在城外建立自由贸易的榷场，使得蒙军借此站稳脚跟。

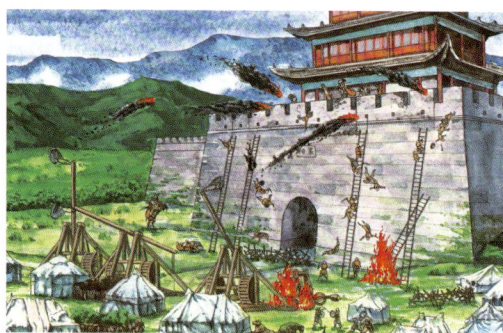

当时南宋的宰相贾似道昏庸无能，处置失当，也给南宋军队造成了无法挽回的损失。1269 年，蒙古军完成对襄樊的包围，襄阳失守已经可以预见。后来吕文德去世，吕文焕负责守卫襄阳，此后南宋朝廷虽多次增援襄阳，但都以失败告终。

1273 年初，汉江北岸的樊城首先被攻破，3 月，襄阳城坚守到最后一刻，吕文焕选择了投降。

襄阳之战涌现出了众多忠义之士，如张顺、张贵、牛富、范天顺等，他们可歌可泣的故事永远值得我们铭记。

吕文焕为什么选择了投降？

吕文焕能够坚守 6 年，说明他对南宋是十分忠心的，最后之所以投降，原因主要有三点：

一是元军已经完成对襄阳的包围，吕文焕的兵力并不足以突围，而南宋权臣贾似道当权，朝政黑暗，致使南宋援军迟迟不到；

二是襄阳城内的粮食、盐、布匹等物资严重不足；

三是元军不断劝降，并承诺保证全城安全，使吕文焕丧失斗志，最终选择了举城投降。

襄阳之战中出现了哪种新武器？

针对襄阳坚实的城墙，蒙古军队使用了一种新型武器——西域炮。

这是一种大型投石机，制作者是西域人阿剌瓦丁和亦思马因，因此炮名叫西域炮。

通过机关，西域炮能将重 75 千克的石头投射到敌方阵营，由于发射威力大，不仅对城墙

和城楼有极强的破坏性，还给南宋将士造成了不小的伤亡。石头落地时声如雷震，也给将士们带来了心理上的压力和折磨。

可以说，西域炮极大地弥补了元军不擅长攻城的弱点，在元军的连环攻势下，襄阳守军被迫投降。

古代投石机（复原）

襄阳失守意味着什么？

襄阳失守对于宋元战争的走向影响极大，自此，南宋再也无力阻止元军南下，灭亡只是时间问题。

首先双方士气此消彼长。襄阳失守后，南宋军队的士气一落千丈，各地守将对城池的坚守也失去了信心，而元军则乘胜追击，士气大振。

其次，吕氏家族在南宋是重要的武将家族，势力十分庞大。吕文焕投降后，吕文焕的堂弟吕文福、侄子吕师夔（kuí）等吕氏家族的将领也纷纷投靠元朝，从内部瓦解了南宋的抵抗力。

最后，襄阳失守使得南宋军队无险可守，元军还趁机俘获了大量战船和水军，之后顺长江南下，势不可当，一举攻占了南宋都城临安（今杭州）。

南宋临安古城生活场景复原图

南宋是什么时候灭亡的？

1273年襄阳失守后，南宋朝野震动，军队也士气大跌，不能组织有效的抵抗。元军基本上没遇到什么阻力，就取得了摧枯拉朽的胜利。

1274年，宋度宗病死，四岁的宋恭帝继位，尊太后谢道清为太皇太后，垂帘听政。同年，元军兵分东西两路：伯颜为统帅，领兵西路，进攻荆湖；合答领兵东路，分攻荆、淮。

1275年，元军一路南下，势如破竹，直逼临安。

1276年2月，元军到达皋亭山（今浙江杭州市东北），不久后，谢太皇太后携宋恭帝出城投降。

一般认为，元军攻占临安，宋恭帝投降，是南宋政权结束的标志。不过，还有另外一种观点认为，经过崖山海战后，南宋流亡政府才最终灭亡。

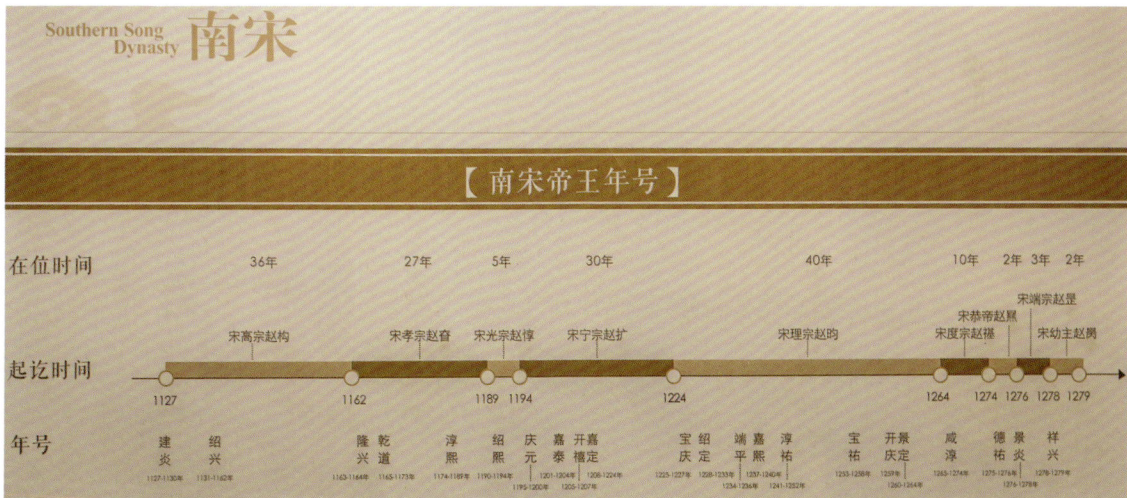

Southern Song Dynasty 南宋

【南宋帝王年号】

项目									
在位时间	36年	27年	5年	30年	40年	10年	2年	3年	2年
起讫时间（帝王）	宋高宗赵构	宋孝宗赵昚	宋光宗赵惇	宋宁宗赵扩	宋理宗赵昀	宋度宗赵禥	宋恭帝赵㬎	宋端宗赵昰	宋幼主赵昺
起讫时间（年份）	1127	1162	1189	1194	1224	1264	1274	1276	1278 / 1279
年号	建炎 绍兴	隆兴 乾道 淳熙	绍熙	庆元 嘉泰 开禧 嘉定	宝庆 绍定 端平 嘉熙 淳祐 宝祐 开庆 景定	咸淳	德祐	景炎	祥兴

南宋帝王年号表

流亡政府是什么意思？

宋恭帝出城投降前，国舅杨亮节率领军队护送杨淑妃、益王赵昰（shì）和卫王赵昺（bǐng）逃亡南方，在婺州（今浙江金华）与陆秀夫、文天祥等人会合。后来，群臣决议将福州作为临时都城，拥赵昰为帝，即宋端宗，改元景炎，这就是南宋的流亡政府。

但流亡政府自身矛盾激烈，内斗不止，缺少凝聚力。端宗即位后不久，元军就逼近福州城了，流亡政府继续南逃，到达泉州。后来当地颇有势力的蒲寿庚家族投降元军，流亡政府只好又撤离泉州，进入海上，辗转多地。

1278年端宗去世，赵昺即位，改年号祥兴。

1279年，宋军最后的军事力量转移到了崖山（今广东江门市新会区南），在"崖山海战"中，陆秀夫背负小皇帝投海殉国，南宋流亡政府灭亡。

1276年，临安陷落后，杨淑妃在国舅杨亮节的护送下和赵昰、赵昺经温州逃到福州。后来，得知陆秀夫负帝投海自尽的消息，杨淑妃感叹南宋复兴无望，也投海殉国。

崖山海战

　　南宋末年，山河破碎，风雨飘摇。面对来势汹汹的元军，张世杰、陆秀夫、文天祥等人挺身而出，却无法扭转历史的进程。在悲壮的崖山海战中，陆秀夫负帝投海，南宋流亡政权灭亡。

据说，陆秀夫投海后，南宋流亡政权的十万军民也相继投海殉国，南宋至此彻底覆灭。

元将张弘范

占有绝对优势的元军

张弘范是元初大将，曾参加襄阳之战，后跟随元帅伯颜南下攻宋，是灭宋之战的主要指挥者，深受忽必烈的器重。

张世杰本来还想侍奉杨淑妃，继续寻找赵氏的后代，再图后举，但是后来因为飓风突起，他溺卒于平章山下。

一个士兵就要掉到水里了，快找到他！

殊死抵抗的宋军

陆秀夫

虽然胜败已成定局，但是南宋的将士们仍然在进行着最后的抵抗。你能找到这名勇敢的士兵吗？

一个元军士兵也掉入水中了，但是他找到一块木板，借助木板的浮力获救了。你能找到他吗？

一个士兵正在拼命抢救自己溺水的同伴，他能成功吗？

31

南宋流亡政权为什么要据守崖山？

崖山海战是南宋流亡政权与忽必烈建立的元朝之间的一次大决战，这场战役直接关系到南宋流亡朝廷的存亡。

崖门，东边有崖山，西面有汤瓶山，两山夹一海，地势险要，易守难攻，进可出海御敌、逃亡，退可据守内陆，可谓粤西海域之咽喉。

崖山祠

1278 年，张世杰和陆秀夫带着最后的 20 余万南宋残余力量退至崖山，以崖山为根据地，准备进行殊死抵抗。从地理位置上看，南宋流亡政权能够在不断后退中在此设立根据地御敌，是明智之举。但是此时的宋军已气息奄奄，纵使占有地利优势，也回天乏术。

崖山海战的情况如何？

1279 年初，元将张弘范率军攻至崖门，浩浩荡荡抵达崖山，对宋军形成三面包围之势。

宋军统帅张世杰破釜沉舟，下令焚毁陆地上的宫殿、房屋、据点，激发将士的勇猛斗志。面对元军的火攻，张世杰命人将船只涂满泥巴，同时用横木将船只分离，元军计谋未能奏效。

崖门古炮台

元军见火攻不成，又封锁海湾，断绝宋军汲水及砍柴的道路。张世杰率部下苏刘义、方兴日大战元军，元军生擒张世杰外甥，向张世杰三次招降，都被他拒绝。

后来，元军水师发起正面进攻，同时埋下伏兵，一时间连破七艘宋船，宋军大败。元军一路打到宋军中央，张世杰见大势已去，和苏刘义带领余部十余只船舰斩断大索突围而去。

3 月 19 日，崖山被彻底攻占，南宋的残余势力被元军围困，无法突围，陆秀夫背小皇帝投海殉国，崖山海战结束，南宋流亡政府灭亡。

据《宋史》记载，崖山海战之后，海面上漂浮的尸体多达十余万，其中大多数是宋军，可见战争之惨烈。

陆秀夫雕像

陆秀夫为何负帝投海？

崖山海战，南宋流亡政府孤注一掷，投入最后 20 万军民做殊死一搏，最终还是未能挽救败局。

实际上，随着临安的陷落，宋恭帝出城投降，南宋政权已经灭亡了，张世杰和陆秀夫组织的流亡政府只是落日余晖。张世杰与陆秀夫等人重整河山的努力，更多的是一种主观愿望，已经无法改变历史的大趋势了。

崖山海战的失败，使南宋复国的希望最终破灭。陆秀夫为了保全皇家尊严和臣子气节，不让小皇帝重复北宋徽、钦二帝的屈辱命运，毅然选择负帝投海。这种决不投降的气节和忠于国家的精神，让人敬佩。

"宋末三杰"都是谁？

南宋末年，元军不断南下，国家面临生死存亡，以张世杰、陆秀夫、文天祥为代表的士大夫挺身而出，起兵勤王，哪怕是临安陷落，皇帝投降之后，他们依然殊死搏斗，留下很多可歌可泣的英雄故事，这三位英雄被后人称为"宋末三杰"。

张世杰生年不详，卒于 1279 年，范阳（今河北涿州）人。他是军旅出身，征战多年，历任诸军都统制、知高邮军等职。1276 年，元军逼近临安，张世杰护卫益王赵昰、卫王赵昺南逃，成立小朝廷，后任枢密副使。张世杰对南宋忠心耿耿，力抗元军，拒绝投降，最终在崖山海战中被击败，死于平章山下。

陆秀夫，生于 1236 年，卒于 1279 年，字君实，楚州盐城（今属江苏）人，南宋政治家。在动荡不安的年代里，他艰难地凝聚人心，鼓舞士气，抗击元军。崖山兵败后，陆秀夫明白再无后路，便将自己的妻子、儿女赶下海去，只身背着小皇帝赴海而死，年仅43岁。

文天祥，生于1236年，卒于1283年，字宋瑞，吉州庐陵（今江西吉安）人，南宋抗元名臣。1256年，文天祥状元及第。1275年，宋廷诏令天下兵马勤王，文天祥聚集兵众上万人前去支援。后来，文天祥兵败被擒，元廷想招降他，但文天祥宁死不屈，于1283年从容就义。

张世杰要为崖山海战的失败负责吗？

有一种观点认为，张世杰应该对崖山海战的失利负责，因为他没有听从部下提出的控制海口、机动作战的策略，使得元军能够轻易包围南宋水军。

作为最高指挥官，张世杰对于战争的成败肯定负有不可推卸的责任，但他选择在崖山背水一战也是有一定道理的。首先，当时陆地上已经没有多少南宋的抵抗力量，军需物资将要耗尽，没有时间和资本再来打持久战和机动战。其次，元军的海上力量并不弱，还有源源不断的增援，而宋军却是疲惫之师，此消彼长，南宋小朝廷注定灭亡。

其实，在历史趋势面前，个人的选择和努力往往只是螳臂当车。南宋流亡政权最后的灭亡就是很好的例证。

张世杰像

崖山海战时，文天祥在哪儿？

1277年，文天祥被俘虏后，并未直接被押往大都，元将张弘范想利用文天祥的影响力，招降张世杰等大臣，瓦解南宋军队的战斗力。于是，文天祥被押解到珠江口外的零丁洋（又称"伶仃洋"），位置在今天广东中山的南边。

元军出珠江口，进攻南宋最后的据点崖山时，文天祥被押解同行观战。船过零丁洋时，张弘范派人请文天祥写信招降张世杰，文天祥坚决拒绝，为表心迹，还写下了流芳千古的《过零丁洋》，全诗如下：

辛苦遭逢起一经，干戈寥落四周星。

山河破碎风飘絮，身世浮沉雨打萍。

惶恐滩头说惶恐，零丁洋里叹零丁。

人生自古谁无死，留取丹心照汗青。

全诗表现出了文天祥慷慨激昂的爱国热情和视死如归的高风亮节，其中"人生自古谁无死，留取丹心照汗青"这一句所表达的高尚品格，千百年来一直为人称颂。

今天的外伶仃岛

知识拓展：南宋真的很弱吗？

和汉唐比起来，宋朝的统治疆域明显内缩。在和少数民族政权的战争中，宋朝也长期处于劣势。因此，有学者认为宋朝积贫积弱，尤其是到了南宋，统治范围进一步缩小，更给人一种孱弱不堪的感觉。然而，事实并非如此。

前边讲过蒙古三次西征，历经40余年，横扫欧亚，征服了大片国家和地区，短则数日，长则数月，几乎没有遭到过强有力的抵抗。

然而面对南宋时，双方战争从1234年的端平入洛开始，持续到1279年的崖山海战才告结束。在蒙古人的铁蹄下，南宋竟然坚持了45年之久，其中襄阳城就守卫了38年。可以说，南宋军队是蒙古军队最强的对手，襄阳城是蒙古军队最难攻占的城池。

由此看来，南宋并不弱，或者说至少比蒙古军队遇到的其他对手要强。只是因为南宋长期处于守势，很少主动进攻，让人们误以为南宋不堪一击，但实际上，南宋应该是蒙古人遇到的抵抗最激烈、作战时间最长的对手。

文天祥就义

文天祥是南宋宝祐年间（1253—1258 年）的状元，他踌躇满志，一腔热血，可惜生不逢时。南宋大厦将倾，文天祥前后奔波，仍然无法扭转乾坤。面对元世祖忽必烈的劝降，文天祥丹心不改，保全气节，从容就义。

得知文天祥即将行刑的消息，百姓们准备了食物和酒水，赶来为他送行，你能找到这些热心的百姓吗？

前来送行的百姓

卫兵

文天祥

你知道吗？粽子的雏形早在春秋时期就已经出现了，到了元明时期，粽叶已从菰（gū）芦叶变革为箬（ruò）叶，后来又出现用芦苇叶包的粽子，附加料也更加丰富了。

元朝的统治者十分残暴，普通的汉族百姓生活十分艰难，而这一点从画面中大家满是补丁的衣服上就可以看得出来。

这个送行的场面似乎让元朝的官兵们也有些动容，你能找到这位士兵吗？

监斩官

文天祥妻子

据说，忽必烈赐死文天祥后，又下诏阻止，但是当时文天祥已经就义了。可见，忽必烈的确很赏识文天祥的忠义之心。

一个孩子不解地看着眼前的一幕，他在哪儿呢？

身为文官的文天祥为什么要起兵勤王？

襄阳陷落后，长江上游告急，南宋朝廷诏令天下兵马勤王。1275年，文天祥组织兵马上万人，同年，他率兵到临安，被朝廷任命为平江府知府。但他受到同僚排挤，率领的将士得不到支援，最终战败，只能退守余杭。

1276年，元军统帅伯颜下令进攻皋亭山，右丞相陈宜中逃跑，文天祥临危受命，被任命为右丞相兼枢密使。后来，文天祥前往元军大营谈判，面对伯颜的威胁，他不卑不亢，慷慨陈词，但此时元军压境，南宋已无谈判资本。当晚文天祥被扣押，随后南宋皇帝上表乞降。

文天祥抗元起兵

文天祥是文武全才吗？

从官场升迁序列来看，文天祥走的是文官晋升路线，只是因缘际会，才会担任诸如都督诸路军马等武职，实际上，文天祥的军事才能并不突出。

文天祥长于文治，担任地方官时，政治清明，百姓生活安定。例如在任宁国府知府时，他积极劝课农商，发展生产，施行惠民政策，得到了百姓的爱戴。

文天祥主要的军事行动是收复梅州、泰和、黄州等地，但后来遭遇大败，妻子和三个子女都被俘虏，文天祥得以身免。他继续收拢残军，转战于循州、潮阳、海丰等地，继续抗元。

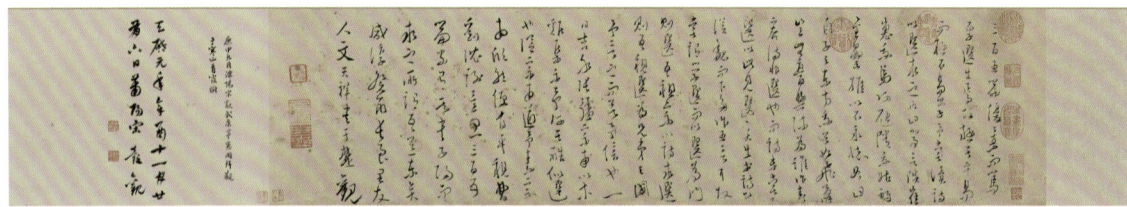

文天祥草书《木鸡集序》
此卷书于1273年（宋咸淳九年）冬至，时年文天祥37岁，是应同乡张强之请而作。全卷通篇笔势迅疾，清秀瘦劲，具有俊逸豪迈之气

虽然文天祥没有骄人的军事战绩，但他百折不挠、一心为民的崇高精神值得我们学习，面对诱惑誓不投降的气节也值得我们敬佩。

文天祥被俘了几次？

文天祥曾两次被俘，第一次是代表南宋前去谈判，被伯颜扣押后，押解北上。在元军途经镇江时，他在部下杜浒等人的掩护下得以逃脱。后来，他一路辗转于真州、扬州、通州等地，历尽艰辛才到达温州。

端宗即位后，文天祥南下福州，率领军队抗元。面对势如破竹的元军，文天祥虽取得一些小胜，但难以阻挡元军前进的步伐。

1277年，文天祥于兴国境内兵败之后，收拾残军奔赴循州，进驻南岭。1278年，进驻潮阳县，当地民众备受盗贼陈懿、刘兴骚扰，文天祥为民除害，杀死了刘兴，赶走了陈懿。结果，陈懿暗中勾结元军大将张弘范，进攻潮阳。当时，文天祥正在五坡岭（今广东海丰）吃饭，张弘范的军队突然出现，一众士兵随从措手不及，文天祥匆忙逃走，但被元军千户王惟义抓住。

被俘后，文天祥想自杀报国，但因所服的毒药过期，并未死成。他在被押解北上的路途中，曾绝食八日试图自杀，也没有成功。

《正气歌》是在什么情况下写成的？

崖山海战之后，文天祥被解至元大都，关押在北兵马司监狱（今北京东城区府学胡同文丞相祠）。

元世祖忽必烈听人说"南人无如天祥者"，遂生爱才之心，希望文天祥能够为元朝所用。

《正气歌》

他派遣已经投降的宋恭帝及一些南宋降臣前来劝诱，文天祥仍不为所动，并严词拒绝。

文天祥在监牢期间，写出了大量的诗词文章，以表达爱国之情。据学者统计，他在狱中写下了154首诗，诗歌以五言律诗和七言律诗为主，《正气歌》就是其中之一。

1281年夏季，监牢里暑气弥漫，沉闷潮湿，文天祥怀着悲愤之情写下了千古流传的五言诗作《正气歌》。

全诗朗朗上口，一气呵成，开篇"天地有正气，杂然赋流形。下则为河岳，上则为日星"更是被世人熟知。

忽必烈为什么放弃劝降？

忽必烈一开始确实有惜才之心，才会多次招降，即使招降不成，也没有恼羞成怒，直接杀害文天祥，而是将其关押，这一囚就是3年有余。

到1282年时，南方有人借助文天祥的名声图谋起事，引起社会动荡，因此朝臣建议杀掉文天祥。忽必烈也意识到文天祥活着对于元朝的统治颇为不利，于是打算亲自召见他，进行最后的劝降。

面对忽必烈许下的中书宰相和枢密使之位，文天祥回答："惟可死，不可生。"这句话的意思是只求一死，别无他意。如此一来，对忽必烈而言，文天祥既不能为己所用，又影响元朝统治安稳，他只好下令处死文天祥。

1283年1月9日，文天祥慷慨就义。

文天祥是如何就义的？

1283年，文天祥在元大都的柴市就义，年仅47岁。

当天前往刑场的道路上到处都是防守严密的官兵和前来围观的民众。文天祥神色自若，行刑前只是问了问哪个方向是南方，然后从容地对着南方拜了拜，就受刑而死了。

几天之后，文天祥的妻子也自刎而死，她说丈夫没有辜负国家，做妻子的又怎么能辜负夫君呢？！据说，她在自尽之前整理了丈夫的遗物，发现衣带上写有这样的遗言："孔曰成仁，孟曰取义。惟其义尽，所以仁至。读圣贤书，所学何事？而今而后，庶几无愧！"

文天祥被囚禁多年，仍能坚守忠义，保全气节，与故国共存亡，忠义之心可昭日月，正如后人评价"事业虽无所成，大节亦已无愧"。

柴市究竟在哪儿？

史书记载文天祥是在柴市就义的，但由于历史变迁以及明清另行修建都城等原因，今天学界对于柴市的具体位置仍存在不少争议。

素有"北京通"之称的王永斌老师在《杂谈老北京》一书中提出，"柴市"应位于今北京东城府学胡同与交道口南大街交叉口。这个说法比较可信，因为交道口位于关押文天祥的监狱北边，距离很近。

当然，目前考古证据较少，我们期待未来能有新的发现。

全国有多少个文天祥祠？

文天祥坚贞不屈，保全了忠臣的气节，为后人称颂。明清时，出于维护统治的需要，逐渐兴起为文天祥建立祠堂的潮流。

明朝建立后，在1376年将囚禁文天祥的牢房改为祠堂，以祭祀这位南宋的忠臣，至今，文天祥祠留存的大门、前殿等建筑仍然保持着明代的风格。祠堂后院有一棵枣树，相传为文天祥亲手种植，树干向南方倾斜，表现出文天祥"臣心一片磁针石，不指南方誓不休"的意志。

全国现存的文天祥祠数量难以考证，比较著名的祠还有建于明成化年间的江心寺文信国公祠（位于今浙江温州）、建于清嘉庆年间的信国公文天祥祠（在今深圳南山区）、2008年重建的南通文天祥祠等。

文天祥祠，又称文丞相祠，是明清两代祭祀文天祥的祠堂，始建于1376年（明洪武九年）

简仪，是元代天文学家郭守敬于1276年创制的一种测量天体坐标的仪器。简仪的创制，是中国天文仪器制造史上的一大飞跃，也是当时世界上的一项先进技术。

马可·波罗眼中的元大都

意大利人马可·波罗曾在元朝生活多年，见证了元大都的繁荣兴盛。回到欧洲后，他深情忆述了东方见闻，轰动一时，欧洲人纷纷对那个遥远、神秘、富裕的东方国度心向往之。

两名官员正在商讨一些重要的事情，你能在画面中找到他们吗？

热闹的市井

外国商人

因为蒙古人并不擅长建筑工程，所以元代的建筑大多是依赖汉族工匠营造。

一个外国商人正在犹豫要不要买几匹布，你能找到他吗？

看，这位阿拉伯商人正牵着自己的骆驼赶往旅店，在当时，来大都经商的外国人都有专门居住的地方。

这个人推车推累了，拿出扇子给自己扇起风来，他在哪儿呢？

简仪

元朝官员

勤劳的商贩

哇，这个木柜子下面竟然还有一个人！你能找到这位隐藏的大力士吗？

藥鋪

两只小鸟正在屋顶上嬉戏，完全不知道有一只小猫正在目不转睛地看着它们。这只小猫在哪儿呢？

一个老翁正坐在一旁，指挥别人搬运货物呢，这一幕在哪儿？

元大都与元上都是什么关系？

元大都就是今天的北京，辽代称为南京析津府（又称燕京），金海陵王迁都后改为中都，蒙古人攻占金中都后改为燕京，元世祖忽必烈又改燕京为中都，并定为元朝的陪都。

1267 年，忽必烈决定迁都到中都，同年开始了新宫殿和新都城的兴建工作，兴禄大夫刘秉忠被任命为营建都城的总负责人，科学家郭守敬担任都水监，修治中都至通州的运河。

1272 年，忽必烈将中都改名为大都，将上都（今内蒙古锡林郭勒盟正蓝旗境内）作为陪都。

大都在突厥语中称"汗八里"，意为"大汗居住之地"和"皇城"。其实，从忽必烈开始，元代皇帝每年都会在两个都城巡幸，在上都停留的时间加上往返日程大约 4 至 6 个月，一般农历二三月从大都出发，八九月时回到大都。

这就是元代的两都巡幸制度，每次巡幸时都要兴师动众，部分官僚、僧道首领、后宫嫔妃、护卫部队等都要跟从，帮助皇帝处理相关事务。

两都巡幸制度，源于草原游牧经济，与蒙古族的生活方式相适应，当然也受到辽、金等少数民族政权的都城制度影响。

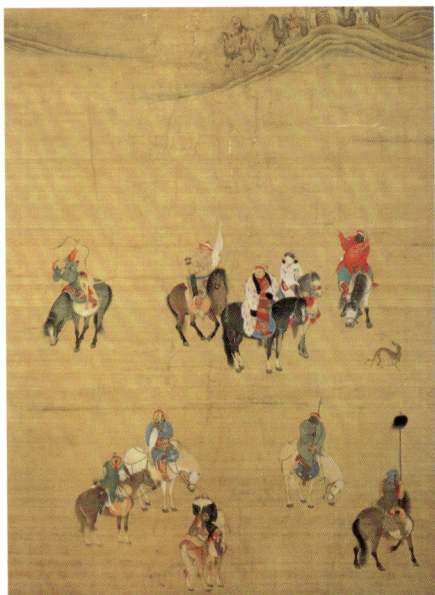
元·刘贯道《元世祖出猎图》（局部），现藏于台北"故宫博物院"

马可·波罗雕像

马可·波罗为什么会来中国？

马可·波罗大约生于 1254 年，卒于 1324 年，是威尼斯富商尼柯罗·波罗的儿子。

据说，他出生后不久，就曾跟着父亲和叔叔到过钦察汗国经商，后来还阴差阳错地随着旭烈兀的使臣到了元大都，见到了元世祖忽必烈。忽必烈还任命马可·波罗的父亲为元朝派往罗马教廷的特使。

1275 年，年仅 21 岁的马可·波罗随着父亲和叔叔，带着罗马教廷给忽必烈的复信，历经千险万苦后终于到达元大都，受到了忽必烈的欢迎。此后，马可·波罗便长期居住在大都，忽必烈和他关系很好，还派他做元朝的外交使臣和地方官员。

1292 年初，马可·波罗和父亲、叔叔从泉州起航，经南海、印度洋、红海到达阿拉伯半岛，然后从陆路返回欧洲。

内蒙古博物院草原天骄展厅，忽必烈会见马可·波罗蜡像

马可·波罗真的来过中国吗？

回到欧洲后，马可·波罗在 1298 年参加了威尼斯和热亚那的海战，不幸战败被俘，被囚禁在监狱中。他在监狱认识了小说家鲁思梯谦（Rusticiano），两人很快成为朋友，马可·波罗便讲述了他周游东方的所见所闻。异国他乡的故事总是使人着迷，于是，一个讲，一个写，一部轰动世界的东方游记就这样完成了。

这本书就是后来大名鼎鼎的《马可·波罗游记》，被誉为"世界一大奇书"，马可·波罗也因此名声大噪。游记共分四卷，包括中国的山川地形、物产、贸易、居民、宗教信仰、风俗习惯以及奇闻逸事等。

该书后来也引起了一些争议，有人指出书中有不少夸大的内容和史实性错误，还有人甚至因此质疑马可·波罗来华的真实性。

不过，就目前来看，中西方学术界普遍认为此书是真实的（尽管有不少史实错误），是研究元朝和中西文化交流的重要资料。

《马可·波罗游记》英文版

马可波罗眼中的元大都什么样子？

由于马可·波罗长期生活在大都，所以书中浓墨重彩地描绘了大都的生活场景。

大都是元朝的政治、经济中心，也是当时中外文化交流的中心。马可·波罗对于大都的宫殿建制、街道布局、节庆、朝会、行猎活动及其周围交通情况都有记录。

元朝统治者建造的高大、富丽堂皇的宫殿，以及太液池、金水河等景观，让他惊叹不已。对于大都的繁华景色，他写道："各大街两旁，皆有种种商店屋舍，周围皆是美丽道路，行人由斯往来。全城地面规划有如棋盘，其美善之极。"

同时，在书中，他还对元朝纸币"中统钞"、煤炭的使用、卢沟桥等进行了详细的记录。在马可·波罗眼中，大都是世界上最繁华、发达的地区，全书都能明显感受到他对这座城市的喜爱。

元大都大内宫殿复原模型

为什么说元大都是当时世界的中心？

作为一个巨无霸帝国的首都，元大都也是世界文化和商业贸易的一个会合点。忽必烈定都大都，使它在短短时间里就成为马可·波罗眼中"世界莫能与比"的第一大城市，足见其远见卓识。

大都商业繁荣，店铺酒楼林立，有钟鼓楼市、枢密院角市等四大市场，还有30多个货物集散之地。发达的贸易，吸引了大量外商前来交易，高丽、波斯、阿拉伯、欧洲商人络绎不绝。为了方便管理外商，大都周围还建有旅馆或招待骆驼商队的大旅店。

世界各地的文化也传到大都，基督教文化、伊斯兰文化、佛教文化、道教等，可谓是百花齐放。如此多的文化同时在一个地区汇聚，在历史上是很少见的。

元朝政治的国际化程度也很高，不仅有大量的西域人、阿拉伯人担任官职，而且一些欧洲人也可以成为元朝的官吏。

元大都是如何解决物资供应问题的？

元朝定都大都后，人口迅速增加，北方的资源难以维持如此大规模的城市运转，需要寻求新的运送物资的渠道。

在中国古代，河漕运输一直比人畜运输的成本低得多，于是，开通运河就被提上日程。元朝大运河在隋唐大运河的基础上截弯取直，从南方直达大都，大大缩短了路程。

而且，今天大运河最北的通惠河就是由元朝著名天文学家、水利学家郭守敬主持开凿的，于1293年完工，实现了大运河的贯通。

大运河贯通后，元朝不仅开辟了北京的新水源，实现了跨河调水，还修建了水源水库——瓮山泊（今北京昆明湖），它也是北京历史上第一座人工水库。

元朝还将积水潭扩建为大运河的终点码头，并建造了许多漕运船只，将来自江南的漕粮运到这里，让积水潭码头成为江南漕船的泊船港。同时，全国的物资商货也都在这里集散，使得其东北岸边的烟袋斜街和钟鼓楼一带成为大都城中最为繁华的闹市。

今天北京的四合院与元大都有关系吗？

有关系，四合院的历史要追溯到元朝大都的住宅。

北京四合院是一种中国传统合院式建筑，其基本格局为一个院子四面建有房屋，庭院被围在中间。

20世纪60年代末，考古队对大都遗址进行发掘，发现了一些元代居住遗址，其中后英房遗址和雍和宫后居住遗址保存较为完整，为我们提供了不少关键证据。这些遗址的建筑布局和建筑材料均与明清时期的四合院高度相同，显示出建筑风格的一脉相承。

可以说，元代北京城区的居民建筑，对明清以来的四合院发展有着十分深远的影响，而今天，北京四合院源自元朝的观点也逐渐被人们所接受。

北京四合院模型

海贸明珠泉州港

两宋是泉州港发展的关键时期，元朝统治者在两宋的基础上继续治理，使泉州港的发展进入了黄金时代，成了当时的世界第一大港。

泉州港是当时的世界第一大港，画面再现了港口繁忙喧嚣的场景，你能找到这个用独轮车运送货物的人吗？

妈祖庙

开元寺东西塔

漫山遍野的刺桐树

瓷器

丝绸布匹

巡逻的士兵

载满货物的船

这是刺桐树的花，十分美丽，而泉州也有一个别称叫刺桐城，想知道背后的原因吗？快去后文寻找答案吧！

泉州为什么又名刺桐城？

刺桐是泉州的别称，这个别称由来已久，可以追溯到宋元时期。刺桐，原产于印度和马来西亚，唐宋时期，中国南方地区开始引进种植，种植最多的地方就是泉州。五代时，节度使留从效在扩建泉州城时，环城种植了刺桐树。后来，刺桐树长得极其茂盛，红色的花朵如火海一般笼罩着泉州，成为其一大特色。于是，逐渐有人用刺桐指代泉州城。

到了元代，意大利人马可·波罗在游记中这样写道："到第五天晚上，便到达宏伟美丽的刺桐城。刺桐城的沿海有一个港口，船舶往来如织，装载着各种商品……"还有意大利人佩鲁贾、摩洛哥旅行家伊本·拔图塔都留下了刺桐城的相关记载。

元代的泉州已成为全世界最为繁华和忙碌的海港城市。刺桐这个别称也随着泉州发达的对外贸易而广为人知。

刺桐树

今天的泉州城仍保留不少关于刺桐的印记，比如泉州的市树就是刺桐树，市花也是刺桐花，市区还有刺桐路等。

泉州港是如何兴起的？

泉州在唐代时已成为小有名气的外贸港口，但发展较为缓慢，其迅速发展的契机是在宋哲宗时期（1086—1100 年）市舶司的设立。

早在宋神宗时期（1068—1085 年），官员们曾针对是否设置市舶司进行过讨论，但直到 1087 年，北宋政府才正式在泉州设立福建市舶司，与两浙市舶司、广州市舶司合称"三路市舶司"。

北宋时期，北方长期战乱，大量人口南迁，给南方地区的发展注入了一股新生力量，加快了南方经济的进步，给泉州港的崛起创造了社会环境。南宋时期，海外贸易进一步发展，泉州也发展成了具有内城、外城和罗城的大城市。

元朝统一全国后，实行对外开放的政策，鼓励海外贸易，大大促进了泉州港的繁荣。随着造船业的进步和海上贸易的发展，泉州港的发展进入了黄金时代，成为当时世界的第一大港。

今天的泉州港

什么是市舶司？

唐代的时候就曾设置官吏来管理泉州的海外贸易，五代时期福建的王氏政权也曾设置榷利院来管理贸易。由于泉州海外贸易的迅速发展，旧有的管理模式已经落伍，于是，宋哲宗时期正式在泉州设立福建市舶司。

市舶司的职责较为宽泛：一是管理进出口船舶、货物、人员；二是根据商人上报的信息，发给公凭（公据、公验），即出海许可证；三是对进出口的货物征收实物形式的市舶税；四是接待和管理外国使节和商人。

市舶司的设立，适应了泉州港海外贸易的发展需求，提升了泉州港的地位，扩大了泉州港贸易地区及其影响。1166 年，两浙市舶司被罢，泉州港一飞冲天，很快就和广州港并驾齐驱，成为当时的两大港口之一。

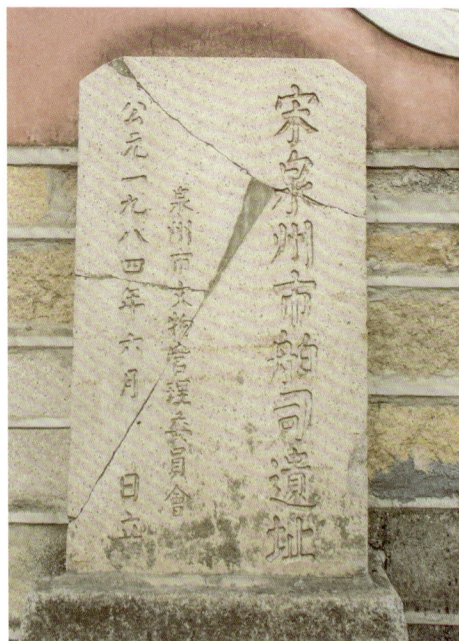

宋代泉州市舶司遗址

为什么说泉州港的兴起，与阿拉伯人密切相关？

7世纪初，阿拉伯地区的商人就乘船来泉州进行贸易了，此后一直到明朝，阿拉伯人都是海上贸易的主要参与者，泉州、广州等地遍布他们的身影。

他们将中国需要的香料、珠宝、食品、杂货通过海路运往中国，在泉州停靠后，再将中国的丝绸、瓷器等物品运回去。阿拉伯人依靠绝佳的地理优势，每一趟都能赚得盆满钵满。繁荣的贸易不断吸引着更多的阿拉伯人参与进来，到北宋初期的时候，不少阿拉伯人开始在泉州定居。宋元时期，阿拉伯人还将中国的造纸术、火药、指南针、印刷术传到欧洲，促进了欧洲地区经济、文化、科技的发展。

阿拉伯商人对宋元时期的海外贸易和泉州港的兴起产生了重大影响，而其中最杰出的代表要属蒲寿庚家族了。

位于福建泉州的清净寺是中国现存最古老的伊斯兰教寺

蒲寿庚是"富二代"吗？

蒲寿庚，号海云，生于1205年，卒于1290年，是世代经商的阿拉伯后裔。1217年，蒲氏家族从广州迁居泉州，蒲寿庚的父亲蒲开宗因贸易有功，得到南宋朝廷赐予的"承节郎"官衔（从九品）。蒲开宗去世后，次子蒲寿庚接管家族事务。

蒲寿庚在泉州历史上具有举足轻重的地位，他在一定程度上掌控着泉州港的命运。他后来担任市舶司提举（从五品），成为市舶司的最高长官。在任职期间，蒲寿庚仍从事经商活动，以商敛财，再以财富结交地方官僚，成为泉州海上贸易的最大获利者，很快就成为泉州首富。

蒲寿庚拥有大量海船和强大的武装力量，还结识了泉州知州田真子、军队统领夏璟等人，可以说是泉州的第一号人物。元军南下时，蒲寿庚成为蒙古人的重点拉拢对象，后来南宋小朝廷的张世杰强行征用其船队，促使蒲寿庚投降元朝。

忽必烈仍任命蒲寿庚为泉州市舶司提举，以利用其在外商中的地位和影响。在蒲氏家族的主持之下，泉州发展成为元朝，同时也是世界上最大的对外贸易港口。

泉州港是怎样衰落的？

从元朝末年到明清时期，泉州港由盛转衰，再不复宋元盛况。衰落的主要原因有四：一是元明之际的战乱导致长达数十年的社会动荡，使得中外交通陷入困境；二是元明两朝对外贸易政策变化，明朝长期实行"海禁"，后来虽有"隆庆开海"，但贸易重心已从泉州转到漳州（月港）；三是管理机构职能的变化，明朝的市舶司成为专门负责朝贡贸易的机构，管理范围比之前更为狭窄；四是泉州港常年失修，泥沙阻塞严重，不适合大船停靠，久而久之无人问津。

泉州港衰落后，后继者漳州、厦门、广州等地都没有达到之前泉州港的规模，曾经的世界第一大港最终成为一曲"绝响"。

位于福建省泉州市丰泽区开元寺东侧的泉州海外交通史博物馆，是专门反映古代航海交通历史的博物馆

为什么瓷器会成为中国的英文名称？

中国是瓷器的故乡，英语里"China"代表中国，如果开头的字母"C"小写，就代表瓷器，可见瓷器与中国的联系十分紧密。

中国烧制瓷器的历史源远流长，真正成熟的瓷器出现在东汉时期，此后，经过魏晋南北朝和隋唐时期的不断发展，到唐代时形成"南青北白"的格局。宋代形成著名的五大名窑，元朝的青花瓷更是冠绝天下。

中国瓷器出口的历史也相当久远，唐代时，中国瓷器已经出口到许多国家和地区了。瓷器坚韧、优美、光滑，十分珍贵，深受海外贵族的喜爱，并逐渐成为财富、地位和高雅品位的象征。

当时只有中国才能制造和出口瓷器，西方贵族并不清楚瓷器叫什么名字，只知道它来自遥远的中国，于是便将瓷器称为"china"。后来"China"也就慢慢成了中国的英文名称。

景德镇窑青花凤首扁壶
该器是元代特色器型，壶身为扁圆形，为盛水器具。壶左以昂起的凤首做流，分两侧出水，经过一段距离后合为一股水流；壶右有卷起的凤尾做曲柄。壶身上部两侧绘有凤翅，下部绘有缠枝牡丹。青花图案粗中有细，笔画潇洒肆意，给人以雄浑大气之美，这也是元青花的时代特征

元曲大家关汉卿

元代是戏曲的黄金时期，在勾栏瓦舍、酒店茶楼，甚至是大街上，戏曲表演随处可见。"曲圣"关汉卿深受人们欢迎，他的作品通俗易懂，生动感人，名作《窦娥冤》更是传唱至今。

《窦娥冤》讲述的是什么故事？为什么能传唱至今？后面的内容会告诉你答案哦！

勾栏瓦舍

关汉卿

街边叫卖的商贩

仔细观察，你是否发现画面中大多是平民在观看演出？事实上，因为文化不通和耽于享乐，蒙古贵族对于汉族文化并不感兴趣，所以也少有管制，这也是元杂剧兴盛的原因之一。

看，街边的一位理发匠正在认真地为客人理发。元代的统治者并没有像后来的清朝统治者那样，强令汉人改变发型。

这个孩子在和同伴做着什么游戏？快去找一找。

一位商人正在向客人兜售自己的货物，可是对方似乎并不感兴趣，你能在画面中找到这一幕吗？

讨价还价的
小贩和顾客

画面中，台上是精彩的杂剧表演，台下卖糖葫芦的小贩在走街串巷地叫卖，到处都是一派热闹的景象，但是你知道这背后其实暗藏着巨大的危机吗？

为什么元代戏曲被称为"杂剧"？

从宋代开始，商业的发达和都市经济的繁荣促进了市民文化的兴盛。到了元代，市民文化走向高潮，百姓不仅在勾栏瓦舍、酒馆茶楼内能看到精彩演出，就连在大街上也可以驻足欣赏。

元杂剧就是元朝市民文化的代表之一，它深受欢迎，遍及城乡各地，几乎融入了所有元人的生活之中。

元代戏剧之所以被称为"杂剧"，便是因为其内容丰富庞杂，包罗万象，例如公案剧、才子佳人剧、历史剧、神仙道化剧等。

元代壁画中的杂剧场面

为什么戏剧在元代如此盛行？

元朝由蒙古人建立，掌握军政大权的都是蒙古贵族，他们以血缘关系世袭，世世代代担任要职。而且，元代几乎废除了科举，汉族知识分子失去了上升通道，于是，他们中的很多人投身戏剧这个新天地，涌现出一批以关汉卿、白朴、郑光祖、马致远为代表的剧作家，最终将戏剧艺术推向了高潮。

另外，蒙古贵族更注重骑射和物质享受，对汉族文化大多不感兴趣，再加上语言不通，所以对民间文化少有干涉，才会有很多像《窦娥冤》《汉宫秋》这样借古讽今的作品产生。

元杂剧舞蹈砖俑，高40厘米，以泥质灰陶塑成，头戴荷叶笠帽，耳后有双辫垂髻，身穿方领窄袖长袍，左胯系如意形垂饰，四肢做舞蹈表演状。1973年出土于河南省焦作市西冯封，现藏于河南博物院

关汉卿留下的作品多吗？

在元杂剧的发展历程中，一位不可忽视的关键人物便是关汉卿，他大约生于金朝末年，卒于元大德年间。

关汉卿从小受到戏剧的熏染，曾游历过洛阳、开封、杭州等地，金朝灭亡后，又辗转来到大都，此后大多数时间都居住于此，当时的大都正是北方演艺活动最兴盛的地方。

史书上关于关汉卿的生平记载不多，导致关于他的生卒年、籍贯、职业等都有不少争论，甚至对于其留下的戏剧、散曲也有激烈的辩论。

根据《录鬼簿》的记载，关汉卿留下的杂剧作品有62部。但是由于各种原因，流传后世的仅有18部，其中就有我们熟知的《窦娥冤》《拜月亭》《西蜀梦》等作品。他的散曲流传下来的较多，现存有70余篇。

国画家李斛《关汉卿像》

为什么说关汉卿是中国戏剧史上成就最大的人物？

关汉卿对元代戏剧发展做出了卓越贡献，被称为"元杂剧鼻祖"，是"元曲四大家"之首。值得一提的是，他在世时就已经确立了在剧坛上的领袖地位，并不是后人抬高的。

关汉卿的杂剧不仅通俗易懂，而且在艺术构思、戏剧冲突、人物塑造、语言运用等方面，都为后世提供了许多宝贵的艺术经验。这些剧本为元杂剧的繁荣与发展打下了坚实基础。

正因为如此，近代学人王国维、郑振铎都高度赞扬关汉卿对戏剧发展做出的贡献。而在国外，关汉卿的作品也影响颇广，20世纪初，《窦娥冤》就被翻译为英、法、日等多国语言。

千古名曲《窦娥冤》讲述了什么故事？

关汉卿的悲剧作品《窦娥冤》是元代悲剧的代表，同时也可以说是中国戏剧史上影响力最大的作品。王国维认为它与国外的悲剧经典相比也毫不逊色。

《窦娥冤》源自东汉时期的一个民间故事，经过关汉卿的艺术加工而成形，讲述了窦娥的悲剧一生。窦娥幼年被父亲窦天章卖给蔡婆家，成为蔡婆儿子的童养媳。丈夫去世后，窦娥便

和蔡婆相依为命，之后机缘巧合下，张驴儿父子救了蔡婆一命，便趁机要挟，想和蔡婆、窦娥婆媳成亲。窦娥不同意，张驴儿就想先毒死蔡婆，再逼窦娥成亲，谁知道却毒死了自己的父亲。张驴儿向昏官桃杌（wù）诬告，最后将窦娥处斩，窦娥临终时发下"血染白绫、天降大雪、大旱三年"的誓愿，都应验了。最后，父亲窦天章应试高中，为窦娥平反昭雪。

剧中的窦娥是一个善良、坚强、勇于反抗的形象，关汉卿以窦娥的悲惨命运来影射蒙古人的残暴统治，揭露了专制制度的腐朽。

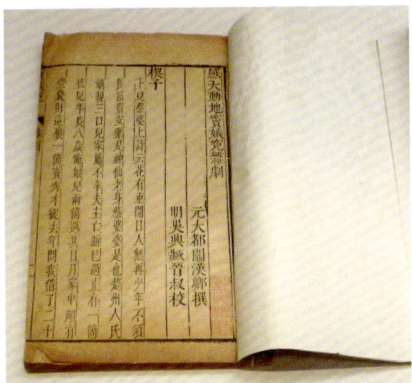

明万历刻本《窦娥冤》

《窦娥冤》演出后，获得了人们的喜爱，传唱不衰。后世也不断有人在其基础上进行新的创作，目前有秦腔、京剧、花鼓戏等多个剧种，可见其影响有多么深远。

元杂剧繁荣的背后是什么？

元代戏剧繁荣，勾栏瓦舍里演出不断，莺歌燕舞，一片祥和，处处显示着市民生活的放松和惬意。但是，元代戏剧繁荣的背后其实隐藏着尖锐的社会矛盾。

元朝实行"四等人制"管理民众：第一等是蒙古人；第二等是色目人，包括西域人、欧洲人等；第三等是汉人，包括金人、高丽人、北方汉人等；第四等是南人，即之前南宋统治下的南方百姓。这四种人享有不同的权利和义务。蒙古人和色目人把持着特权、财富，纵情声色，剥削百姓。同时元朝还实行诸色户计制度，将汉族人划分为不同职业，世代承袭，不能更换。

最终，在元朝残暴统治的压迫下，爆发了声势浩大的元末农民大起义，在起义的浪潮中，偌大的帝国土崩瓦解，只存在了不到 100 年的时间。

元代之后，中国戏剧有了哪些变化？

元代是戏剧发展史上的高潮，之后的明清时期，发展势头有所回落，但仍在元代的基础上不断发展，同时也有了新的变化。

明朝采取文化守成态势，不仅宫廷的演剧活动受到约束，民间一些有影响的戏剧也被禁演，这种约束极大地影响了民间戏剧的正常发展。直到明朝中后期，禁戏政策放松，戏剧才快速发展，流行有海盐腔、余姚腔、弋阳腔、昆山腔四大声腔。

明万历年间是继元杂剧繁荣以后，古代戏曲史上的又一个黄金时期，戏剧家汤显祖的《牡丹亭》一经推出，便"家传户诵"，就是最好的例证。

清代出现了不少优秀的戏剧作品，戏剧理论更加完善，地方戏也兴盛起来。乾隆年间，原在南方演出的四大徽班陆续进入北京，吸收借鉴北方剧种的优点并互相融合，最终形成京剧。

京剧首先在京城王公贵族圈子流行，并最终发展成现在的中国五大戏曲剧种之一，被视为国粹，深受人们欢迎。

元代如意云纹金盘，1959 年在江苏吴县吕师孟墓中出土，收藏于南京博物院。金盘以四个如意云纹组成，两下两上相互重叠，盘心又捶出四个小如意云纹，形似花朵，其余部位满饰錾刻缠枝花卉纹，光彩夺目，异常精美

京剧表演

鄱阳湖之战

　　鄱阳湖之战是元末农民起义军领袖朱元璋和陈友谅之间爆发的一次关键战役，以朱元璋胜利、陈友谅兵败被杀而告终。朱元璋消灭了自己最大的对手，为之后的统一全国奠定了基础。

这艘小船埋伏在这儿已经很久了，你能发现它的位置吗？

陈军

朱军

元代就已经出现装有火炮的战船了，忽必烈甚至用它两征日本呢！炮火从何而来？你能在画面中立刻找到吗？

这条小船似乎位于远离战争中心的区域，它在哪儿？

朱元璋的军中有一艘战船被击中了，船上的士兵们赶紧跳入海中求生。你能找到这艘船吗？

这艘大船似乎着火了，正冒出股股黑烟，它在什么位置？

鄱阳湖

糟糕！战斗中有几艘大船出现了倾翻，附近的这艘小船能够安然无恙吗？

仔细观察画面中的内容，有一艘船支撑桅杆和船帆的绳索断了，它在哪儿呢？

你发现了吗？两军的旗帜颜色是不同的，红色旗帜属于哪方呢？

鄱阳湖之战发生在什么时候？

1363 年，一场影响了历史走向的大战在长江中下游的鄱阳湖爆发。参战的双方都是元末农民起义中涌现的豪杰，他们都投入了大量的兵力，其中朱元璋率领 20 万人参战，陈友谅则有 60 余万人。

战争初期，陈友谅率水陆大军围攻洪都（今江西南昌），占领吉安、临江（今江西樟树）等地。洪都的军事地位甚为重要，朱元璋的侄子朱文正坚持了数月时间，直到朱元璋率领 20 万大军前来支援。

双方在鄱阳湖大战数天，朱元璋逐渐占据上风，缴获了不少战舰，陈友谅的弟弟陈友仁和大将陈普略战死，后来又有部下投降，军心动摇。后来，朱元璋率军包围陈军，陈友谅被迫突围，结果遭遇傅友德埋伏，中箭身死。

在这场战役中，朱元璋以少胜多，以弱胜强，可以说是成就了一场水战中的经典战役。

朱元璋是如何发展起来的？

朱元璋生于 1328 年，卒于 1398 年，濠州钟离（今安徽凤阳东北）人，幼名重八，后来参加农民起义，就改叫朱元璋。他是明朝开国皇帝，史称明太祖。

朱元璋自小家境贫寒，幼年给地主放牛，之后家乡发生旱灾和瘟疫，他的父母和大哥都去世了。为了求生，朱元璋去皇觉寺当了和尚。后来饥荒越来越严重，

朱元璋像

当和尚也吃不饱饭，他被迫开始了乞讨流浪的生活。

24 岁时，朱元璋加入了红巾军，成为郭子兴队伍中的一员。这是他一生命运的转折点。他作战勇猛，为人机智，深得郭子兴赏识，郭子兴便将自己的养女马氏（即后来的马皇后）下嫁给了朱元璋。

1355 年，郭子兴去世，朱元璋成为这支起义军的左副元帅，此时他手下已经聚拢了徐达、常遇春、李善长等豪杰。

1359 年，朱元璋控制了江左、浙右各地，建立了以应天府（今南京）为中心的根据地。此时朱元璋周围有陈友谅、张士诚、方国珍、陈友定等势力，其中以陈友谅实力最强，威胁最大。

陈友谅的实力怎么样？

陈友谅本是渔夫的儿子，后来入赘陈家才改为陈姓。他少年时喜爱读书，粗通文义，武艺高强，1355 年加入红巾军，成为徐寿辉的部下。陈友谅具有较高的军事素养，很快就出人头地。

陈友谅性格多疑，阴险狡诈，1357 年，倪文俊前来投奔，陈友谅却将他杀害，还吞并了他的部队。1358 年，陈友谅又攻下了安庆、瑞州（今江西高安）、赣州、汀州等地。后来，陈友谅借机除掉了红巾军将领徐寿辉，吞并他的地盘后，又占据了江西、湖广大片地区，部下精兵良将众多，可以称得上是长江流域实力最强的起义军。

位于武汉长江大桥蛇山引桥南侧的陈友谅墓

红巾军到底是一群什么人？

其实，元朝末年割据一方的英雄大多起家于红巾军，除了朱元璋和陈友谅外，还有明玉珍和张士诚。

元朝统治比较残暴，再加上饥荒和黄河水患的暴发，元顺帝在此时又变更钞法，导致物价飞涨，激化了社会矛盾。最终，在 1351 年，白莲教首领韩山童、刘福通在颍州（今安徽阜阳）揭竿而起，拉开了元末农民起义的序幕。

韩山童、刘福通领导的这支起义军因为头戴红巾，举着红色旗帜而被称为红巾军。他们借助白莲教作为宣传和发动起义的工具，队伍迅速壮大，实力强盛。韩山童牺牲后，刘福通继续发动起义，一时间，各地红巾军蜂拥而起，声势浩大，有徐寿辉、彭莹玉、郭子兴等势力。

1355 年，刘福通迎立韩山童的儿子韩林儿为皇帝，又号小明王，建都亳（bó）州（今安徽亳州），国号宋，年号龙凤。1357 年，刘福通又兵分三路北伐，大举进攻元朝。结果北伐失败，刘福通被张士诚杀害，韩林儿也溺水而亡。

此时，起义形势已经有所变化：徐寿辉的部将陈友谅逐步取得兵权，杀掉了徐寿辉，自称皇帝，建立汉国，改元大义，以江州（今江西九江）为都城；徐寿辉的另一个部将明玉珍不服陈友谅，也称帝独立，建都重庆，国号夏，年号天统；朱元璋继承了郭子兴的势力，建立了以应天府为中心的根据地。

红巾军起义是一场规模很大的农民起义，前后持续十余年，沉重打击了元朝的统治基础，对元朝的灭亡起着决定性作用。

朱元璋又命徐达为征虏大将军、常遇春为副将军，率军25万，进攻元大都。徐达率领各路大军沿运河直达天津，进逼大都，元顺帝弃城而走，逃往蒙古草原，元朝统治中原89年的历史宣告结束。

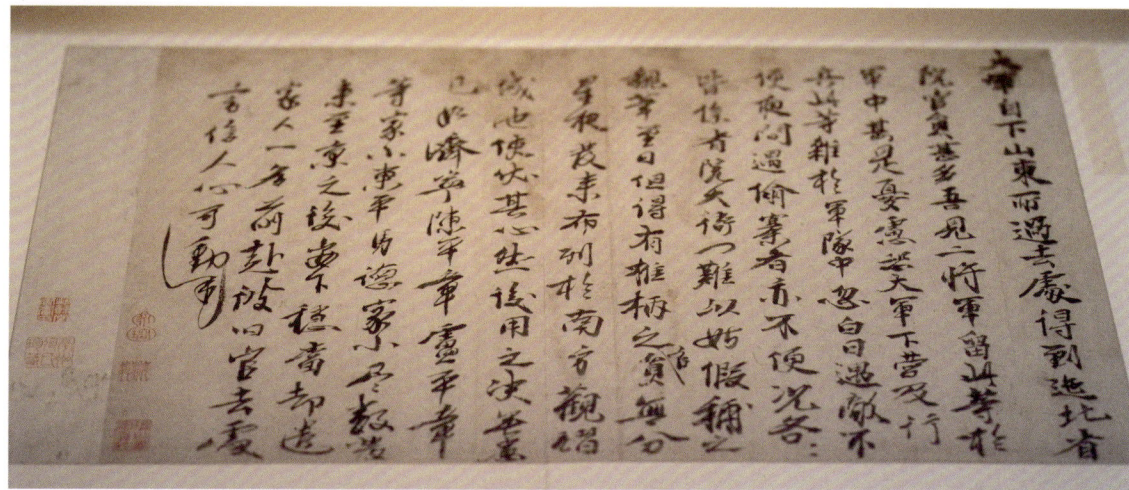
《朱元璋行书大军帖》
从内容分析，此时朱元璋已消灭陈友谅、张士诚等势力，正全力攻打北方，大军所过之处，收降了很多元朝官员。他就如何妥善处置这些官员写信告谕部下。信文明白晓畅，对研究元末明初军事形势和朱元璋的政治方略具有一定的参考价值

为什么说高邮之战是元末战争的转折点？

1354年初，张士诚在高邮建立政权，国号周。元顺帝派兵前往镇压，张士诚坚决抵抗，取得一些胜利，但其他地区的起义军节节败退，农民起义暂时陷入低潮。9月时，元朝丞相脱脱亲自征讨张士诚，双方在高邮发生大战。

本来脱脱进展十分顺利，张士诚已经显露败相，部分将领甚至希望向元军投降。但后来脱脱被小人所害，兵权被夺。临阵换将，为兵家大忌，元军一时群龙无首，张士诚率兵出击，元朝的百万大军一击即溃。

高邮之战成为元末战争的转折点，元朝此后再无力组织大规模的兵力围剿起义军，各地的起义军实力大增，掀起了反元战争的高潮。

1964年出土于江苏省苏州市张士诚父母合葬墓的银镜架，现藏于苏州市博物馆

群雄纷争，为什么最终胜出的是朱元璋？

俗话说"时势造英雄"，元末农民起义此起彼伏，造就了一大批出众的英雄豪杰。朱元璋之所以能成为最后的赢家，主要归功于他的个人才能和人格魅力。

朱元璋待人真诚，赏罚分明，深得将士信任，部下少有反叛，军心十分稳固。而且，他善于用人，手下聚集了大批文臣武将，文臣有朱升、刘基等人，武将则有徐达、常遇春、冯国用、汤和等人。朱元璋还善于听从建议，比如朱升提出的"高筑墙、广积粮、缓称王"三大策略，以及刘基提出的先集中力量攻打陈友谅，避免两线作战的方针，他都虚心接受，并付诸实践。

不得不提的是，朱元璋本人在军事上有极高的天赋和才能，他领导和指挥的大部分战役都能够取得胜利，少有败绩。

朱元璋没有显赫的出身却能在乱世中脱颖而出，并最终统一天下，成为一国之君，可以说他的成功是有史以来最能激励人奋进的传奇。

鄱阳湖之战后，朱元璋是如何平定天下的？

朱元璋消灭陈友谅后，南方的张士诚等人已经不足为虑。朱元璋的军队一路势如破竹，通州、兴化、盐城、泰州、高邮、淮安、徐州等地接连被攻下，还包围了张士诚的据点平江（今苏州）。1367年，平江城破，张士诚自杀。

同年，朱元璋命汤和为征南将军，讨伐割据浙东多年的方国珍，方国珍最后向朱元璋投降，南方基本平定。

朱元璋赐给徐达的免死铁券（仿制）
免死铁券，又称免死金牌，是明朝开国皇帝朱元璋给大臣的最高奖赏，若大臣犯法，持此铁券可免去死刑